공부가 되는
유럽 이야기

〈공부가 되는〉 시리즈 ❽

**공부가 되는
유럽 이야기**

초판 1쇄 발행 2011년 7월 14일
초판 12쇄 발행 2019년 8월 19일

지음 글공작소

책임편집 인우리
책임디자인 오세라

펴낸이 이상순
주　간 서인찬
편집장 박윤주
기획편집 박월, 이주미, 이세원
디자인 유영준, 이민정
마케팅 홍보 이상광, 이병구, 신희용, 김경민
펴낸곳 (주)도서출판 아름다운사람들
주소 (10881) 경기도 파주시 회동길 103
대표전화 (031) 8074-0082 **팩스** (031)955-1083
이메일 books777@naver.com
홈페이지 www.books114.net

ⓒ2011, 아름다운사람들
ISBN 978-89-6513-100-7 63920

파본은 구입하신 서점에서 교환해 드립니다.
이 책은 저작권법에 의하여 보호를 받는 저작물이므로 무단 전재와 복제를 금합니다.

공부가 되는
유럽 이야기

지음 글공작소 | **추천** 오양환 (前 하버드대 교수)

아름다운사람들

공부가 되는
유럽 이야기

세계를 뒤흔든 유럽 … 14

유럽은 어떻게 탄생했을까? | 라틴족, 게르만족, 슬라브족
유럽을 장악한 라틴족과 게르만족 | 유럽을 이루는 두 개의 기둥
그리스도교와 십자군 전쟁 | 르네상스와 종교 개혁
산업 혁명과 프랑스 대혁명 | 제1차 세계 대전
제2차 세계 대전 그리고 지금까지

프랑스 자유·평등·박애의 나라 … 27

나만의 개성은 프랑스인들이 사는 이유 | 달팽이 요리가 유명한 음식의 천국
프랑스의 모태, 프랑크 왕국 | 100년 전쟁과 잔 다르크 | 짐은 곧 국가다, 절대왕정
프랑스 대혁명의 상징 에펠탑 | 나폴레옹과 개선문 | 격동의 프랑스, 예술의 도시 파리

프랑스와 세계 3대 요리 · 유럽의 아버지 카롤루스 대제 · 베르사유 궁전 · 모파상과 에펠탑
사형 도구 기요틴 · 현실에서는 불가능이 있었던 나폴레옹

영국 해가 지지 않았던 옛 영광의 나라 … 45

영국 사람들은 혼자 있어도 줄을 서요 | 홍차를 안 마시고는 못 사는 영국 사람
여러 민족이 섞인 나라, 영국 | 영국과 프랑스의 관계
대헌장, 마그나카르타와 장미 전쟁 | 무적함대를 무찌른 엘리자베스 1세
민주주의의 역사, 영국 | 영광의 영국과 오늘날의 영국

아서 왕과 기사도 정신 · 카이사르와 주사위는 던져졌다!
노르망디와 노르망디 상륙 작전 · 동인도 회사란 뭘까? · 셰익스피어와 간디의 대결
법의 종류, 성문법과 불문법 · 군림하되 통치하지 않는 빅토리아

독일 기적의 전차 군단 … 61

맥주의 나라 전차 군단의 나라 | 입던 속옷을 싸게 팔아요!
게르만족의 대이동 | 독일의 조상, 동 프랑크 왕국
오토 대제와 신성 로마 제국 | 비스마르크의 독일 통일
히틀러의 등장 | 패전과 독일의 분단 | 라인 강의 기적과 통일 독일

괴테와 베르테르 효과 · 비스마르크와 철혈 정책 · 마르틴 루터와 파문
히틀러와 『나의 투쟁』 · 마셜 플랜과 유럽 부흥 계획 · 나치와 네오나치

네덜란드 풍차로 만든 나라 … 75

풍차의 나라 네덜란드 | 1100년에 처음 등장한 네덜란드
스페인의 지배를 받게 된 네덜란드 | 네덜란드의 독립운동
네덜란드의 황금시대 | 형제국 벨기에의 독립
『안네의 일기』와 자유의 나라 네덜란드

튤립과 풍차 · 각자 부담하는 더치페이 · 오렌지색과 네덜란드 · 베네룩스 삼국

이탈리아 고대 로마 제국의 영광 … 87

피자와 스파게티의 나라로 오세요! | 쌍둥이 형제가 세운 나라
왕이 없는 나라, 로마 | 황제가 다스리는 나라, 로마
로마 제국의 몰락 | 이탈리아 통일 | 무솔리니의 등장과 이탈리아 공화국

마르코 폴로와 『동방견문록』 · 로마를 세운 쌍둥이 형제 · 르네상스와 레오나르도 다빈치
팍스 로마나와 팍스 아메리카나 · 영웅 가리발디와 가리발디 셔츠 · 파시즘과 무솔리니

오스트리아 제국의 나라 음악의 나라 ⋯ 101

음악의 나라, 오스트리아로! | 10세기경에 나타난 오스트리아
오스트리아 제국과 합스부르크 왕족 집안 | 몰락하는 오스트리아 제국
오스트리아가 일으킨 제1차 세계 대전 | 알프스의 작은 나라, 오스트리아

아름답고 푸른 도나우 강 · 사라예보 사건과 제1차 세계 대전 · 알프스와 몽블랑 만년필

그리스 신화의 현재 진행형 ⋯ 113

세계 10대 관광 대국의 나라 그리스 | 200개가 넘는 나라, 그러나 하나의 그리스
고대 그리스의 아테네와 스파르타 | 그리스와 페르시아 전쟁
오스만 제국과의 독립 전쟁 | 오늘날의 그리스가 되기까지

높은 곳에 있다고 아크로폴리스 · 올림포스 산과 12신 · 올림픽과 마라톤의 유래
트로이 전쟁과 슐리만 · 사금파리와 민주주의, 도편 추방

스위스 요들송과 알프스의 나라 ⋯ 129

요들송과 알프스의 나라 | 남유럽과 북유럽을 잇는 통로 스위스
히틀러를 막아 낸 스위스 | 영구 중립국 스위스 | 나폴레옹의 침입과 통일 헌법
7명이 돌아가면서 하는 대통령 | 세계적인 시계를 만든 스위스인

명사수 빌헬름 텔과 사과 · 대단한 스위스 용병
고객의 비밀은 무덤까지, 스위스 은행 · 너희가 스위스 시계를 아느냐!

스페인 위대한 정열이여 다시 한 번! … 143

토마토 던지며 축제를 벌이는 나라 | 알타미라 동굴의 나라, 스페인
게르만족과 이슬람의 침략 | 이슬람의 축출과 스페인 통일
무적함대와 해양 왕국의 몰락 | 3년 내전과 일어서는 스페인

콜럼버스와 인디언 · 이름만 거창한 무적함대
독재자 프랑코와 스페인 내전 · 피카소와 〈게르니카〉

스웨덴 지구상에 더 이상의 행복은 없다 … 155

『닐스의 모험』이 있는 나라 | 11세기에 처음 만든 통일 국가
덴마크와의 독립 투쟁 | 스웨덴 최고의 전성기
평화적으로 돌려준 노르웨이 | 최고의 복지 국가 스웨덴

〈말괄량이 삐삐〉와 린드그렌 · 노벨과 다이너마이트 · 요람에서 무덤까지, 사회 복지 제도

러시아 인류의 위대한 실험과 좌절 … 165

감기에는 보드카가 최고예요! | 『전쟁과 평화』를 쓴 톨스토이의 나라
슬라브족의 대표 국가, 러시아 | 러시아의 모태, 키예프 공국과 몽골의 지배
제국 러시아의 로마노프 왕조 | 데카브리스트와 브나로드 운동
무너지는 제국 러시아와 사회주의 혁명 | 소련의 등장과 몰락 그리고 러시아

푼돈에 팔아먹은 알래스카 · 브나로드와 소설 『상록수』
꿈에서 깨어난 피의 일요일 · 러시아 혁명과 레닌 · 고르바초프와 노벨 평화상

체코와 슬로바키아 프라하의 봄 … 181

자유로운 영혼 체코의 보헤미안 | 같은 뿌리 다른 줄기, 체코와 슬로바키아
짧은 영광 긴 고통의 체코와 슬로바키아 | 프라하 창문 투척 사건과 30년 종교 전쟁
체코슬로바키아와 사회주의 정권 | 프라하의 봄과 체코와 슬로바키아

카프카와 소설 『변신』· 『참을 수 없는 존재의 가벼움』, 밀란 쿤데라
중부 유럽에서 가장 오래된 프라하 대학

폴란드 자유를 향한 끝없는 전진 … 193

피아노의 시인 쇼팽과 마리 퀴리의 나라 | 슬라브 민족 폴족의 땅, 폴란드
짧은 영광 긴 고통의 폴란드 | 히틀러의 폴란드 침공과 아우슈비츠의 비극
폴란드 민중의 투쟁과 자유 노조 | 자유 노조의 승리와 바웬사의 폴란드

코페르니쿠스와 지동설 · 윌슨 대통령과 민족 자결주의 · 바웬사와 노벨 평화상

헝가리 유럽 속의 아시아 … 205

매운맛 파프리카를 좋아하는 나라
오스트리아와 오스만 제국의 충돌 지역 헝가리
오스트리아-헝가리 제국 | 슬픈 독립을 이룬 헝가리
소련의 위성 국가에서 완전한 헝가리까지

리스트와 경쟁자 쇼팽 · 퓰리처와 퓰리처상 · 위성 국가와 헝가리

아이들에게 유럽 이야기가 좋은 이유

1 유럽의 문화와 역사를 한눈에 볼 수 있습니다

뭐든 남과 달라야 직성이 풀리는 프랑스인, 목숨을 걸고라도 약속을 지키는 헝가리인, 줄서기에는 2등 하라면 서러운 영국과 러시아, 살아남기 위해 전 국민이 수영선수가 되는 네덜란드, 꼼꼼해서 세계 일류가 된 시계의 나라 스위스 등 유럽의 개성 넘치는 여러 나라들은 과연 어떤 과정을 통해 오늘날의 모습을 갖추게 되었을까요? 로마는 하루아침에 이루어지지 않았다는 말처럼 한 나라의 문화와 역사에 작게는 수백 년에서 많게는 수천 년까지 반드시 그들만의 고난과 행복의 숨결이 감춰져 있습니다.

2 유럽을 이해하면 세계사가 보입니다

유럽의 역사는 정신문화의 출발인 그리스를 거쳐 고대 유럽의 중심이었던 로마 제국을 지나 근대 유럽을 좌지우지한 영국과 프랑스 그리고 세계 최고의 복지를 이룬 북유럽, 좌절한 인간의 이상을 간직한 러시아까지. 유럽은 한마디로 오늘날의 인류사를 만들어 낸 주역의 대륙입니다. 때로는 풍요로운 문화를 전파하기도 하고 때로는 전 세계를 전쟁으로 몰아넣기도 하면서 인류사를 만들어 온 유럽이기에 이들의 문화와 역사를 이해하지 않고서는 세계사를 제대로 안다고 말할 수 없습니다. 그래서 유럽을 아는 것은 바로 세계사를 아는 것입니다.

3 글로벌 안목과 교양을 주는 유럽 이야기

아는 만큼 보인다는 말이 있습니다. 요즘은 시골에 살아도 세계적인 안목이 없으면 생존하기 힘든 만큼 21세기는 서로 영향을 주고받으면서 숨 가쁘게 돌아가고 있습니다. 그만큼 글로벌 안목과 교양은 이제 우리 아이들에게 절대적으로 필요한 요소가 되었습니다. 그중에서도 유럽은 오늘날의 문명과 문화를 이끌어 왔기에 이들을 이해하는 것은 바로 글로벌 안목의 척도가 됩니다. 뿐만 아니라 유럽의 다양한 문화와 역사는 우리 아이들에게 앞선 문명의 장점과 한계를 동시에 보여 주어 많은 배울 것과 생각할 거리를 손색없이 던져 줍니다.

4 공부의 즐거움을 깨치는 〈공부가 되는〉 시리즈

〈공부가 되는〉 시리즈는 공부라면 지겹게만 여기는 우리 아이들에게 "아, 공부가 이렇게 즐거운 것이구나!" 하는 것을 깨쳐 주면서 아울러 궁금한 것이 많은 우리 아이들의 지적 호기심도 동시에 해결해 주는 시리즈입니다. 공부의 맛과 재미는 탄탄한 기초 교양의 주춧돌 위에 세워질 때 그 효과가 배가됩니다. 그리고 그 기초 교양은 우리 아이들이 학습에서 자기 주도적 능력을 내는 데 큰 밑거름이 됩니다. 『공부가 되는 유럽 이야기』는 유럽 여러 나라를 알고 이해하는 과정을 통해 세계사와 세계 여러 나라에 대한 가치관과 깊이 있는 안목을 키울 수 있게 만들었습니다. 우리 아이들이 이 책을 통해 목적하는 바를 달성하여 세계의 교양인으로 거듭나기를 바랍니다.

 # 세계를 뒤흔든 유럽

 ### 유럽은 어떻게 탄생했을까?

영어로 '유럽(europe)'이라는 말은 그리스로마 신화에 나오는 페니키아의 공주 에우로페의 이름이에요. 에우로페를 알파벳으로 쓰면 europe(에우로페)인데 영어 유럽(europe)과 철자가 똑같아요. 이 말을 영어 발음으로 하면 유럽이고 그리스어로 하면 에우로페가 되는 거예요. 그리스로마 시대의 유럽은 문명과 문화가 발달한 로마와 그리스 등이 위치한 지중해 일대만을 가리키는 말이었지만 지금은 유럽 대륙 전체를 가리키는 말이 되었어요.

그리스로마 신화에 의하면 페니키아의 에우로페 공주는 미모가 워낙 빼어나서 올림포스의 모든 신들을 홀리고도 남았어

요. 이런 미인을 신들의 왕 제우스가 가만둘 리가 없었어요. 당연히 제우스는 에우로페를 보자마자 첫눈에 반해 어떡하면 에우로페를 유혹할까 고민하다가 그녀가 소를 좋아한다는 것을 알았어요. 그래서 제우스는 그녀가 소를 구경하러 나들이 나온 사이에 멋진 황소로 변해 그녀 곁에 다가갔어요. 멋진 황소에 반한 에우로페는 황소를 타고 싶어서 소 등에 훌쩍 올라탔어요. 이때를 이용해 제우스는 잽싸게 날아갔어요. 아주 순식간에 일어난 일이었어요. 제우스가 그녀를 태우고 도착한 곳

프랑스 파리의
지하철 표지판

은 바로 그리스의 크레타 섬이었어요. 이때부터 사람들은 제우스가 에우로페를 태우고 날아간 크레타 섬 지역을 에우로페의 이름을 따서 '에우로페'라 불렀고 영어로는 '유럽'이 되어 지금의 유럽을 가리키는 말이 되었어요. 제우스가 에우로페를 태우고 날아간 크레타 섬은 그리스에서 제일 큰 섬이며 지중해에서는 다섯 번째로 큰 섬이에요. 현재 대략 60~70만 명의 사람이 크레타 섬에 살고 있어요.

라틴족, 게르만족, 슬라브족

유럽은 수천 년 동안 여러 민족이 뒤엉켜 치열한 전쟁과 다툼을 거듭하여 오늘날 같은 나라의 형태를 갖추었어요. 오랜 시간 동안 많은 민족들이 부침을 거듭하였지만 유럽은 크게 세 민족으로 나눌 수 있어요. 첫 번째가 로마 제국을 세운 '라틴족'이에요. 세 민족 중에 라틴족이 가장 먼저 번성하여 서유럽뿐만 아니라 아프리카, 아시아까지 정복하여 대제국을 건설하였어요. 두 번째가 북유럽에서 남하하여 라틴족이 세운 로마 제국을 몰락시키고 그 자리에 게르만족의 나라를 세워 유럽의 새로운 강자로 번성을 누린 '게르만족'이에요. 그리고 세 번째가 지금의 동유럽 민족을 구성하고 있는 '슬라브족'이에요. 슬라브족은 아시아 지역에서 건너와 몇 갈래로 나뉘어 동유럽에 자리를 잡았어요. 그러다 보니 상대적으로 라틴 문화와의 접촉이 적고 다툼도 적어서 유럽의 세 민족 중 가장 발달이 더디게 진행되었어요.

유럽을 장악한 라틴족과 게르만족

라틴족은 이탈리아가 있는 지중해를 중심으로 일어나 제국을 세운 민족이에요. 이탈리아 반도에서 로마를 세운 라틴족은 기원 전후 율리우스 카이사르가 지중해 세계 정복에 성공하면서 거대한 로마 제국을 세웠어요. 그리고 수백 년 동안 선진 문화와 문명으로 유럽뿐만 아니라 중동까지 그 영향력을 떨쳤어요. 당시 유럽은 지중해를 중심으로 한 로마와 이집트 등이 최고의 선진국이었어요. 승승장구하던 로마 제국은 내부의 모순과 때마침 불어닥친 게르만족의 대이동으로 인해 동·서로마로 갈라졌고 이때 그리스도교를 받아들이게 되었어요. 하지만 이탈리아를 중심으로 한 서로마 제국은 5세기인 476년, 게르만족에 의해 멸망당하면서 게르만족이 중심이 되는 유럽이 시작되었어요. 서로마 제국을 멸망

이건 스페인 전통 의상이야. 어때, 멋지지?

안녕? 나는 그리스 전통 의상을 입고 있어.

시킨 게르만족 중에는 프랑크족이 가장 힘이 강했어요. 이들은 서로마 제국이 망한 자리에 프랑크 왕국을 세웠는데 프랑크 왕국은 현재의 프랑스·독일·이탈리아 지역을 아우르는 커다란 왕국이었어요. 그 후 프랑크 왕국은 여러 다른 게르만족이 세운 부족을 정복했어요.

그리스도교의 공인과 게르만족의 등장을 전후하여 시작된 유럽의 중세는 진정한 의미에서의 '서양' 또는 '유럽'이라는 개념이 형성된 시기예요. 그 후 위세를 떨치던 프랑크 왕국은 서기 843년 베르됭 조약과 870년 메르센 조약에 의해 삼분되었고 이들 3국은 오늘의 프랑스·독일 등을 이루는 나라의 기원이 되었어요.

유럽을 이루는 두 개의 기둥

유럽을 이루는 두 개의 커다란 정신적 기둥을 '헬레니즘'과 '헤브라이즘'이라고 해요. 헬레니즘은 그리스의 사상과 문화를 말하고 헤브라이즘은 기독교 사상과 정신을 말해요. 헬레니즘이라는 표현은 그리스인을 헬렌이라고 한 데서 나온 말이고 헤

알프스 산맥 열차와 프랑스 알자스 마을 그리고 러시아 교회

헤브라이즘은 유대인을 히브리인이라고 한 데서 나온 말이에요. 사람을 중심으로 생각하는 그리스의 헬레니즘은 고대 로마 사람들에게도 전파되었고 로마인들은 로마 제국을 만들면서 이 사상을 전 유럽으로 전파했어요. 우리는 사람을 중심으로 생각하고 사람을 존귀하게 여기는 사상을 '휴머니즘'이라고 해요. 서양의 휴머니즘 정신은 바로 이때부터 서서히 뿌리를 내리게 된 거예요. 그러나 거대한 제국 로마가 쇠락하면서 서양의 휴머니즘 사상도 함께 쇠퇴하기 시작했어요. 이즈음 나타난 사람이 바로 예수 그리스도예요. 예수 그리스도에 의해 여러 신을 믿는 다신교이던 유럽은 오직 하나의 하느님을 믿는 일신교로 바뀌고 종교적 최고 지도자인 교황이 탄생했어요. 이때부터 사람을 다스리는 최고 지도자인 왕이나 황제보다 교황의 힘이 점점 커지게 되었어요. 그래서 유럽은 고대 시대를 마감하고 종교가 지배하는 중세 시대로 넘어가게 되었어요.

그리스도교와 십자군 전쟁

로마 제국의 식민지로 있던 이스라엘 지역에서 탄생한 종교인 그리스도교는 로마 제국 말기에 급속히 로마에 퍼졌고 다신교를 믿었던 로마도 그리스도교를 인정하지 않을 수 없는 상황이 되었어요. 급기야 로마 제국은 서기 313년, 밀라노 칙령을 통하여 그리스도교를 공인하고 국교로까지 인정하였어요. 이때부터 그리스도교는 로마를 중심으로 전 유럽을 지배하는 절대적인 종교로 자리를 잡았어요. 이후 서기 476년 서로마 제국은 멸망했지만 당시 로마에 있던 교황의 권위는 점점 더 강해져 갔어요. 뿐만 아니라 게르만족의 프랑크 왕국 때는 그리스도교가 더 번성하게 되었어요. 이렇게 교황의 힘이 세지다 보니 이제는 교황이 각 나라의 왕권까지 간섭하면서 서로 충돌했어요. 이에 교황은 교권을 더욱 강화하고 왕권과의 갈등을 외부로 돌리기 위해 이슬람과의 전쟁인 '십자군 전쟁'을 감행했어요. 그리고 각국의 왕들도 교황의 의도에 암묵적으로 동의하면서 십자군 전쟁에 나서게 되었어요. 그들도 교황과의 충돌을 피하고 아울러 동방의 값비싼 재

안녕? 나는 스페인 축제 인형이야.

스페인에서 열리는
발렌시아 불꽃 축제의 인형

화 등을 탐내고 있었기 때문이에요. 하지만 십자군 전쟁은 실패로 돌아가고 그리스도교 세계와 이슬람교 세계는 서로 뿌리 깊은 증오를 낳는 계기를 만들고 말았어요. 그렇지만 당시 동방의 앞선 문물이 유럽에 전해지면서 유럽 문화 발전에 크게 기여하는 결과를 낳았어요.

말을 탄 러시아 기사

르네상스와 종교 개혁

종교의 힘이 갈수록 더욱 강해지면서 이제 유럽은 종교가 지배하는 세상이 되었어요. 하지만 그 세월이 길어지자 이를 견디다 못한 사람들이 이탈리아를 중심으로 14~16세기 '르네상스'라는 문화 운동을 벌이게 되었어요. 르네상스는 학문 또는 예술의 부활, 재생이라는 말로 인간성이 말살된 종교 중심의 암흑기를 극복하고 고대 그리스로마 시대의 인간 중심의 시대로 돌아가고자 하는 운동이에요. 르네상스는 전 유럽에 광범위하게 그리고 지속적으로 영향을 미치면서 마침내 17~18세기, 지나치게 세속화되고 타락한 가톨릭에 맞서 종교 자체를 개혁하자는 운동으로 확대되었어요. 그 대표적인

고대 건축물에 달린 문고리

암스테르담 라인 운하와 전형적인 주택의 모습

물 중에 한 사람이 바로 독일의 종교 개혁가인 마르틴 루터였어요. 마르틴 루터는 타락한 가톨릭 교황에 맞서는 '95개조 논조'를 발표하여 종교 개혁에 불을 붙였어요. 그래서 유럽 전역은 종교적 소용돌이에 휘말리면서 30년 전쟁이 일어났고 이를 계기로 그리스도교는 구교인 가톨릭과 신교인 개신교로 나누어졌어요.

산업 혁명과 프랑스 대혁명

> 이건 오스트리아 전통악기 알펜호른이야.

　르네상스의 바람이 유럽을 이성이 지배하는 사회로 만들면서 사람들은 과학에 대해 눈을 떴고 과학의 발전은 우물 안 개구리에서 벗어나서 세계에 대해 눈을 뜨게 하였어요. 그래서 유럽은 엄청난 부를 가져다주는 유럽 이외의 신천지 개발에 눈을 돌렸어요. 유럽을 떠나 미지의 세계 개척에 성공한 나라들이 엄청난 부를 거머쥐게 되자 전 유럽은 너도나도 새로운 땅을 찾아 떠났어요. 그리고 이 와중에 싹튼 이성적이고 합리적 사고는 마침내 기계 문명을 탄생시키는 산업 혁명을 18세기 중엽 영국에서 일어나게 만들었어요. 산업 혁명을 통해 인간의 물질문명은 기하급수적으로 성장했어요. 하지만 산업 혁명은 많은 재화를 생산하게도 했지만 한편으로는 사람들을 엄청나게 착취하는 새로운 사회 구조를 만들었어요. 그래서 이전에 없던 부르주아와 노동자라는 새로운 계급이 탄생했어요. 이들 새로운 계급은 기존의 사회 지배 계층과 이해관계가 달라 서로 충돌을 거듭하다가 프랑스에서는 1789년, 인간의 자유와 평등을 요구하는 프랑스 대혁명으로 연결되었어요. 그렇다고 유럽이

다른 대륙에 대한 정복을 멈춘 것은 아니었어요. 오히려 아직 문명적으로 덜 깨어난 아시아를 비롯한 여러 나라들을 무력으로 누르고 이익을 챙기는 식민지 건설에 박차를 가했어요. 하지만 유럽의 다른 대륙에 대한 식민지 건설은 자신들끼리 경쟁을 가속화시켜 시한폭탄 같은 전쟁의 위험을 안고 달려갔어요.

제1차 세계 대전

식민지 쟁탈과 자신들의 이익을 둘러싼 유럽 내부의 주도권 싸움은 1914년 오스트리아의 세르비아에 대한 선전포고로 시작되어 제1차 세계 대전의 막이 올랐어요. 당시 영국과 프랑스 등은 산업 혁명으로 막대한 부를 축적했기에 그에 따라 강력한 군대도 가질 수 있었어요. 이렇게 힘을 키운 영국, 프랑스 등은 구 강대국인 오스트리아와 계속 충돌하게 되었어요. 이들의 갈등은 유럽 내부의 민족 독립을 둘러싸고 서로 편을 가르다가 결국은 세르비아 청년에 의한 오스트리아 황태자 저격 사건이 일어나면서 폭발했고 이 폭발은 기다렸다는 듯이 제1차 세계 대전으로 번졌어요. 전쟁은 1918년 독일의 항복으로 막

이탈리아의 베네치아 가면 축제

을 내렸지만 독일은 전쟁의 결과에 승복하지 못했고 최고의 강대국을 자랑하던 영국도 지나치게 힘을 소비하여 서서히 몰락의 길을 걸었어요. 그리고 그 틈을 타고 미국이 새로운 강자로 떠올랐어요. 또한 러시아에서는 제1차 세계 대전 와중에 러시아 혁명이 일어나 러시아 제국이 몰락하고 레닌의 사회주의 정권이 들어서면서 유럽은 다시 한 번 요동치기 시작했어요.

런던탑을 지키는
영국 근위병

세계를 뒤흔든 유럽 25

🇪🇺 제2차 세계 대전 그리고 지금까지

제1차 세계 대전의 결과에 불만이 있던 독일은 히틀러가 정권을 잡음으로써 1939년 제2차 세계 대전을 일으켰어요. 하지만 제2차 세계 대전도 1945년 독일과 한편이었던 일본의 항복으로 사실상 종결되었어요. 제2차 세계 대전은 인류 역사상 가장 잔인한 전쟁이 되었고 이 전쟁은 승자와 패자를 떠나 인류에게 평화가 얼마나 소중한지를 알려 주는 계기가 되었어요. 미국은 전쟁터였던 유럽으로부터 멀찌감치 떨어져 있던 지역적 이점을 십분 활용하여 명실상부한 초강대국이 되었어요. 그리고 또 다른 한쪽에서는 1917년 혁명으로 러시아에 사회주의 국가인 소련이 들어섰고 다른 나라들도 러시아처럼 사회주의 국가를 세움으로써 지구촌은 미국과 소련이라는 두 강대국을 중심으로 세력이 나뉘어 팽팽히 맞섰어요. 그래서 사람들은 다시 제3차 세계 대전을 우려했어요. 그러나 40년 가까이 이어져 오던 동서 냉전은 소련 고르바초프의 개혁 개방 정책에 따라 사회주의 국가들이 몰락했어요. 그래서 소련은 러시아가 되었고 독일은 통일이 되었어요. 특히 동유럽은 민족 분쟁을 거쳐 많은 나라들이 새롭게 생겨나 오늘날에 이르고 있어요.

프랑스 사람들이 즐겨먹는
초콜릿을 곁들인 서양 배

[France]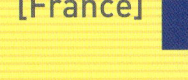

프랑스 이야기

자유·평등·박애의 나라

🇫🇷 나만의 개성은 프랑스인들이 사는 이유

프랑스 사람들은 같은 프랑스 사람끼리도 개성 없이 서로 비슷한 것을 참지 못해요. 프랑스 사람들의 이런 성격을 가장 잘 보여 주는 것이 바로 이들이 살고 있는 집이에요. 프랑스도 우리나라처럼 같은 모양의 아파트나 일반 주택이 아주 많아요. 그러나 그 속을 들여다보면 우리와 너무나 달라요. 프랑스 사람들은 비록 아파트는 같은 모양이더라도 자기가 사는 집은 이웃과 다르게 꾸며 개성을 드러내야만 자신의 존재감과 정체성을 느낀다고 해요. 그래서 이사 오는 날부터 창문이며 방 구조의 모양과 색깔들을 이웃집과 다르게 만들기 시작해요. 그리고 실내 디자인과 인테리어도 오로지 하나밖에 없는 자신만의 것으로 꾸며 낸다고 해요. 그리고 나서 이웃이나 친구들을 초대해서 집들이를 해요. 이때 집주인은 자신이 집을 어떻게 꾸몄는지 이야기하기 바빠요. 하지만 참석한 사람들의 대부

이 안에서
포도주가
익어 가고 있어.

28

파리에 있는 고딕 양식의 대표적 건축물, 노트르담 대성당

분은 이것을 지루해하기보다 열심히 듣고는 자신의 집을 꾸밀 때 참고하려고 해요. 이처럼 남들과 다른 개성을 위해 노력하고 그 개성을 인정하고 존중하는 사회가 바로 프랑스예요. 프랑스 사람들의 이런 국민성은 나와 다른 타인을 존중하는 정신으로 이어져 창조적 예술을 탄생시키는 정신적 밑거름이 되었는지도 몰라요. 오늘날의 프랑스는 하루아침에 이루어진 것이 아니라 오랜 역사적 전통 속에서 만들어진 거예요.

에스카르고와 푸아그라

🇫🇷 달팽이 요리가 유명한 음식의 천국

세계 최고의 요리 천국하면 동양에서는 중국, 서양에서는 프랑스를 말해요. 프랑스가 이렇게 유럽에서 세계 최고의 요리 천국이 될 수 있었던 것은 지리적 위치 때문이에요. 기름진 평야와 지중해를 끼고 있으니 언제나 질 좋은 채소와 곡식 그리고 해산물이 풍부하기 때문이에요. 특히 프랑스의 유명한 요리로는 달팽이 요리, 개구리 뒷다리 요리, 거위 간 요리 등이 있어요. 그러나 이런 요리는 특별한 날에만 먹는 것이고 평소에 먹는 음식은 우리가 잘 알고 있는 바게트와 치즈 그리고 포도주예요.

프랑스와 세계 3대 요리

프랑스 요리 하면 빼놓을 수 없는 세계 3대 요리가 있어요. 바로 '에스카르고'라고 부르는 식용 달팽이 요리와 '푸아그라'라는 거위 간 요리 그리고 송로 버섯을 사용한 '트뤼프' 요리예요. 그중 푸아그라와 트뤼프는 철갑상어 알을 소금에 절인 캐비아와 함께 세계 3대 진미로 유명해요. 하지만 값이 비싼 고급 재료라서 프랑스 사람들도 자주 먹지 못하는 요리예요.

이렇게 음식 문화가 발달하다 보니 프랑스는 세계에서 가장 까다롭기로 소문난 식사 예절을 가지고 있어요. 그리고 프랑스 사람들은 식사 시간을 다른 무엇보다 소중하게 여겨요. 예를 들면 가게 문을 닫는 한이 있더라도 점심 식사는 두 시간 동안 느긋하게 즐겨야만 직성이 풀려요.

프랑스의 모태, 프랑크 왕국

원래 고대 프랑스 지역에는 갈리아 사람들이 살고 있었어요. 이후 이 지역은 로마의 율리우스 카이사르에 의해 로마의 지배 아래에 들어갔어요. 이때 로마인이 전파한 문화가 오늘날 프랑스 문화의 기초가 되었어요. 로마의 힘이 약해질 무렵에는 게르만족이 유럽 남쪽으로 대거 이동해 전 유럽에 퍼지면서 자신들의 국가를 세웠어요. 게르만족에 속한 대표적인 부족으로는 프랑크족, 앵글로 색슨족, 서고트족, 동고트족, 부르군트족 등이 있는데 이들이 각각 유럽 전역에 왕국을 세웠어요. 그중에 가장 힘이

유럽의 아버지 카롤루스 대제

샤를마뉴라고도 불리는 프랑크 왕국(재위 768~814)의 제2대 황제예요. 대제란 왕이나 황제를 높여 부르는 말이에요. 카롤루스 대제는 서부 유럽과 중부 유럽 대부분의 영토를 차지해 영토 정복의 업적을 이루고 정치적·종교적 통일을 달성했어요. 또한 예술, 종교, 문화를 크게 발전시켜 카롤링거 르네상스를 일으켰어요. 이러한 업적은 오늘날 카롤루스 대제를 '유럽의 아버지'로 불리게 했어요.

1897년 프랑스 인상주의 화가 카미유 피사로가 자신의 호텔방에서 그린 몽마르트의 풍경

센 왕국이 바로 프랑크 왕국이었어요. 프랑크 왕국은 현재의 프랑스·독일·이탈리아를 아우르는 지역에 왕국을 세웠고 이후 프랑크 왕국은 다른 게르만 부족이 세운 여러 부족을 정복했어요. 그래서 프랑크 왕국의 전성시대인 카롤루스 대제 때는 유럽 대부분의 지역을 정복했어요.

하지만 814년 카롤루스 대제가 죽자 그의 세 아들들은 서로 왕위를 차지하려고 싸우다 결국 프랑크 왕국을 삼등분해서 나누어 가지기로 약속했고 그 약속을 계약서로 만든 조약이 바로 메르센 조약이에요. 이 메르센 조약으로 인해 프랑크 왕국은 서프랑크, 중프랑크, 동프랑크로 나뉘어 졌어요. 그중에 서프랑크가 오늘날의 프랑스가 되었어요.

🇫🇷 100년 전쟁과 잔 다르크

이렇게 갈라진 나라들은 강력한 국가 형태를 갖추지 못하고 끊임없이 국경과 영토 문제로 분쟁을 거듭했어요. 프랑스 역시 당시 프랑스 동쪽에 있는 부르군트족이 세운 브르고뉴라는 왕국과 대립을 했고 섬나라 영국과는 지금의 벨기에 지역인 폴랑드르 공업 지대를 놓고 싸웠어요. 이렇게 대립각을 세우던 프랑스와 영국은 다시 왕위 계승 문제를 놓고 갈등이 폭발하여 결국 1337년 영국의 침공으로 프랑

100년 전쟁을 승리로 이끈 소녀 잔 다르크

스는 무려 116년에 걸쳐 계속된 그 유명한 100년 전쟁을 영국과 벌이게 되었어요.

영국과 프랑스가 이렇게 갈등하는 것은 바이킹족이라고도 불리는 노르만족이 남하하여 프랑스 일부를 차지한 후 이들이

프랑스 이야기 33

베르사유 궁전 내부에 황금으로 장식된 화려한 실내

영국으로 넘어가 자신들의 나라를 세우면서 부터예요. 그리고 이들은 프랑스에도 자신들의 땅이 있다 보니 갈등을 피할 수 없었고 혈연 관계도 프랑스와 얽히면서 프랑스 왕이 누가 될 것이냐로 갈등은 최고점에 이르렀어요. 처음에는 영국군이 우세하여 프랑스의 일부가 영국의 지배하게 들어갔지만 위기에 처한 프랑스를 구하고자 신의 계시를 받았다는 잔 다르크가 등장하면서 전세는 역전되었어요. 하지만 잔 다르크는 영국 편을 든 부르고뉴 군에 붙잡혀 영국군에게 포로로 팔려 화형에 처해졌어요.

그 후 프랑스 왕국과 부르고뉴 왕국은 영국을 몰아내기 위해 서로 화해를 했어요. 그리고 연합 전선을 펼쳐 영국군을 몰아내는 데 성공했어요. 영국군과의 전쟁에서 승리하자 프랑스는 부르고뉴까지 합병해 강력한 왕국이 되었어요.

짐은 곧 국가다, 절대왕정

'짐은 곧 국가다'라고 한 루이 14세의 말은 프랑스 절대왕정의 모든 것을 가장 잘 나타내고 있어요. 한마디로 절대왕정이란 왕이 국가 통치의 모든 권력을 장악하고 있는 것을 말해요. 즉 왕이 관료 기구와 군과 경찰을 모두 자신의 밑에 거느리며 어떤 제한도 없이 국가의 모든 것을 혼자 결정하는 정치 제도예요.

100년 전쟁 이후 프랑스는 외적의 침입으로부터 국가를 지키기 위해서는 왕을 중심으로 한 강력한 국가의 필요성을 깨닫게 되었어요. 그래서 강력한 왕권을 만들기 위해 왕의 지시를

베르사유 궁전

프랑스의 베르사유 지역에 있는 왕궁으로 원래 베르사유는 파리 근처에 있는 시골 마을이었어요. 이후 궁전이 세워지면서 도시가 되었고 1682년 루이 14세가 이곳으로 와서 살면서 권력의 중심지가 되었어요. 바로크 건축의 대표 작품으로 거대하고 호화로운 건물과 아름다운 정원으로 유명해요. 하지만 베르사유 궁전이 실제 궁전으로 사용된 기간은 매우 짧아요. 1715년 루이 14세가 죽자 뒤를 이은 루이 15세는 곧바로 거처를 파리 궁전으로 옮겼어요.

모파상과 에펠탑

1889년에 세워진 높이 300미터의 에펠탑은 탑을 세운 프랑스 기술자 A.G.에펠의 이름을 따서 붙였어요. 에펠탑 건설 초에 프랑스 지식인들은 파리의 도시의 풍경을 해친다며 에펠탑 건설에 강하게 반대했어요. 특히 모파상이 더 강하게 반대했어요. 그런 모파상이 에펠탑이 만들어지자 날마다 에펠탑의 레스토랑에 와서 책을 보고 커피를 마셨다고 해요. 그래서 어떤 이가 에펠탑 건립을 반대했으면서 왜 여기 있는지 물었지요. 그러자 모파상은 "파리 어딜 가나 이 괴물이 보이지 않는 곳은 없는데 이 안에서 유일하게 보이지 않기 때문이에요" 라고 답했다고 해요.

받아 일사불란하게 움직일 수 있는 왕 직속의 관료 조직과 직업 군인들을 조직했어요. 그렇지만 이를 유지하기 위해서는 많은 돈을 필요로 했어요. 그래서 돈이 되는 상업을 장려하고 활발한 해외 무역을 통해 돈을 벌여 들였어요. 이를 바탕으로 강력한 군대를 양성하여 스페인 왕위 계승 전쟁과 오스트리아 왕위 계승 전쟁 등에 참전하여 힘을 과시하면서 유럽의 강국으로 변해 갔어요. 나라가 부강해지고 왕권이 강화되자 지방의 귀족들은 속속 파리로 몰려들어 군주 밑에서 일을 보는 귀족 관리 계급으로 바뀌었고 이들은 왕에게 충성하는 것을 큰 영광으로 여겼어요. 절대 권력은 절대 부패한다는 말처럼 승승장구 하던 프랑스 절대왕정은 서서히 타락의 길로 접어들었어요. 승리의 기쁨에 취해 나라를 돌보기보다 자신들의 유흥과 놀이에 빠져들었어요. 베르사유 궁전을 화려하게 짓느라 많은 비용을 탕진하였고 귀족 관리 계급들도 사치와 과소비를 일삼았어요. 그리고 여기에 드는 돈을 조달하고자 백성들을 쥐

어쨌어요. 이때 종교 개혁의 물결이 프랑스에도 몰아쳐 왔어요. 그러나 프랑스는 국가의 힘이 약화된다며 백성들에게 새로운 종교에 대한 신앙의 자유를 인정하지 않았어요. 이를 견디지 못한 많은 신교도들은 신앙의 자유를 찾아 영국과 네덜란드로 대거 이주하게 되었고 이런 과정에서 프랑스의 국력은 쇠약해져 갔어요. 이뿐만 아니라 전쟁과 대외 정책에도 무리하게 많은 돈을 쓰는 바람에 프랑스 왕정은 만성적 재정난에 시달렸어요.

🇫🇷 프랑스 대혁명의 상징 에펠탑

프랑스의 국가 재정은 루이 16세 때 가장 어려웠어요. 루이 16세와 결혼한 왕비 마리 앙투아네트는 역사적으로 화려함과 사치의 대명사이자 백성들의 고통에는 조금도 관심이 없는 왕비로 널리 알려져 있어요. 그가 남긴 아주 유명한 일화가 있는데 당시 절대왕정의 폭정에 견디다 못한 백성들이 들고 일어나자 마리 앙투아네트는 영문을 모르겠다는 듯 신하에게 물었어요.

프랑스의 상징 에펠탑

사형 도구 기요틴

기요틴은 프랑스 대혁명 때에 사형 기구로 사용된 도구를 말해요. 우리말로는 단두대라 하고 프랑스말로는 기요틴이라고 해요. 프랑스 대혁명 당시 의사인 기요탱이 이 사형 도구를 제안해서 그의 이름을 따서 기요틴이 되었어요. 프랑스 대혁명 도중 공포정치 시대에 많은 사람들이 기요틴에 의해 처형이 되었어요. 루이 16세와 마리 앙투아네트도 이 단두대로 처형되었고요. 공포정치를 펼쳤던 로베스피에르 자신도 단두대에 의해 목숨을 잃었어요.

"왜 백성들이 저 난리를 치는 게요?"

"백성들이 빵이 없어서 참다못해 들고 일어났습니다."

"빵이 없으면 과자를 먹으면 되지 뭘 걱정이야. 도대체 이해를 못 하겠구먼."

결국 마리 앙투아네트는 1789년 프랑스 대혁명이 일어났을 때 방탕한 생활과 국고를 낭비한 죄로 단두대의 이슬로 사라졌어요. 프랑스 대혁명은 상공업의 발달로 새롭게 떠오른 부유한 시민 계급과 굶주리고 착취당하던 백성들의 분노가 폭발해 절대왕정을 무너뜨린 인류 최초의 유혈 혁명이에요. 대혁명이 일어날 당시 프랑스는 5퍼센트의 왕과 귀족이 모든 국토를 차지하고 시민과 농민들을 착취해 사치를 일삼았어요. 이에 분노한 시민들이 자유·평등·박애를 부르짖으며 혁명을 일으켰고 왕과 왕비를 처형하고 왕조를 무너뜨린 뒤 공화국을 세웠어요. 공화국이란 주권이 왕이 아니라 국민에게 있는 나라를 말해요. 프랑스 대혁명은 왕조를 유지하고 있던 유럽 모든 나라에 큰 충격을 주었고 이웃 나라로 빠르게 전해져 오늘날 민주주의의

기요틴

주춧돌이 되었어요.

프랑스의 상징인 에펠탑이 바로 프랑스 대혁명 100주년을 기념해서 세워진 탑이에요. 프랑스 대혁명은 프랑스인에게 세계 최초로 시민의 힘으로 중세 절대왕정을 심판했다는 가장 큰 긍지의 상징이며 프랑스의 오늘을 있게 만든 기념비적 역사예요.

현실에서는 불가능이 있었던 나폴레옹

"내 사전에 불가능이란 말은 없다"는 말로 유명한 나폴레옹은 프랑스 대혁명 이후 혼란스러운 틈을 타서 권력을 차지했어요. 그는 스스로 절대 권력이 되어 1804년 프랑스의 황제 나폴레옹 1세가 되었어요. 황제가 된 나폴레옹은 다른 나라와의 전쟁에서 연이어 승리했지만 1812년 전쟁에서 패하고 엘바 섬으로 유배를 당했어요. 그 후 탈출에 성공했지만 석 달 후 워털루 전투에서 완전히 패해 100일 천하 만에 결국 세인트헬레나 섬에 유배당해 죽음을 맞았어요. 그의 말과 달리 현실에서는 불가능이 있었던 거지요.

 ## 나폴레옹과 개선문

프랑스 대혁명은 왕과 귀족 계급을 타파하고 공화국을 세우게 되었지만 혁명의 주도 세력인 시민 계급은 두 파로 갈라지게 되었어요. 시민 계급을 프랑스 말로는 부르주아라고 하는데 이들은 점진적인 온건 개혁 세력과 급진 개혁 세력으로 나뉘어 졌어요. 이들 두 세력의 싸움에서 급진 세력인 자코뱅 당이 승리하였고 이들은 혁명을 지나치게 급진적으로 진행하여 혁명에 반대하는 세력 25만여 명을 무자비하게 처형하면서 공포정치를 펼쳤어요. 하지만 지나

나폴레옹이 1806년 전쟁 승리를 기념하여 세운 파리의 개선문

친 공포정치에 다시 민심이 떠나 결국 자코뱅 당의 수장 로베스피에르도 반대파에 의해 자신도 단두대의 이슬로 사라졌어요. 이렇게 혁명이 자리를 못 잡고 혼란에 혼란을 거듭하자 이 틈을 이용하여 나폴레옹이 쿠데타를 통해 프랑스 역사의 전면에 등장했어요. 쿠데타란 몇몇 소수의 사람들이 힘으로 정권을 빼앗는 행위를 말해요. 당시 나폴레옹은 여러 전투에서 명성을 떨쳐, 유력한 정치군인으로 부상한 인물이었어요. 나폴레옹은 쿠데타를 통해 권력을 장악했지만 초기에는 현명한

정책으로 프랑스 경제와 산업을 일으켜 국민들의 지지를 받았어요.

이에 나폴레옹은 국민의 지지를 바탕으로 이름하여 1797년 '나폴레옹 전쟁'이라 불리는 전 유럽을 정복하려는 전쟁을 일으켰어요. 나폴레옹은 이탈리아·이집트·스페인·독일·오스트리아·신성 로마 제국을 차례로 정복하였지만 러시아 정벌에 실패하고 엘파 섬에 유배되었다가 탈출하여 다시 재기를 노렸어요. 하지만 영국과의 워털루 전투에서 패한 뒤 세인트헬레나 섬에 유폐되어 비극적인 최후를 맞이했어요. 이로써 나폴레옹 전쟁은 1815년 제2차 파리 조약에 의해 끝을 맺었어요.

나폴레옹은 프랑스인에게 프랑스의 위력을 세계에 과시해 크나큰 영광과 긍지를 심어 주었고 유럽 대륙 전체에 프랑스 대혁명의 정신을 전파했어요. 그리고 법치 국가의 기틀을 마련하고 시민의 권리를 보호한 나폴레옹 법전은 세계 각국의 법체계에 큰 영향을 미쳤어요. 또한 전쟁의 승리를 기념할 목적으로 나폴레옹이 직접 건설을 명령한 개선문은 에펠탑과 더불어 파리의 가장 유명한 상징물로 남아 있어요.

🇫🇷 격동의 프랑스, 예술의 도시 파리

나폴레옹 시대가 마무리 되면서 프랑스는 다시 왕정으로 돌아갔지만 이제 시대는 부르주아가 지배하는 시대가 되었어요. 이들 부르주아는 밖으로는 해외 식민지 만들기에 열을 올렸고 안으로는 수많은 노동자를 만드는 산업화에 박차를 가했어요. 이 와중에 노동자들은 인간 이하의 노동환경에 시달렸고 이로 인해 노동자 계급의 저항과 사회주의 사상이 싹트게 되었어요. 이제 자본주의 사회가 되면서 자본가인 부르주아와 노동자 계급의 대결이 역사의 전면에 등장했어요.

여기에 프랑스는 1870년 유럽의 주도권을 위해 프로이센과의 전쟁인 보불전쟁을 일으켰지만 패하고 말았어요.

보불전쟁에서 프랑스가 패하자 수도 파리는 혼란에 휩싸이고 온갖 이념과 각종 정치 세력들이 대결하는 장으로 변했어요. 그래서 하루도 조용할 날이 없는 무정부 상태가 되었고 이에 사회주의를 지향하는 노동자들이 1871년 파리를 장악했어요. 그리고 그들만의 사회주의적 자치 정부를 세웠는데 이것이 '최초의 사회주의 자치 정부' 즉, '파리코뮌'이에요. 하지만 파리코뮌은 얼마 못가서 프랑스 정부

루브르 박물관에 있는 승리의 여신, 니케

프랑스 파리에 있는 세계적 미술관, 루브르 박물관

군에 의해 2개월 여만에 진압되었고 프랑스는 다시 제3공화정을 수립해요. 파리코뮌 봉기는 실패로 돌아갔지만 이후 마르크스나 레닌 등 사회주의 운동가들에게 큰 영향을 주었고 사회주의·공산주의 이념 탄생에도 많은 영향을 미쳤어요. 뿐만 아니라 파리코뮌의 정신은 프랑스에 사회주의 정당이 들어서는 밑거름이 되었어요. 현재 프랑스에는 다양한 계층을 대변하는 여러 정당들과 사회주의 정당이 함께 공존하며 때론 경쟁하고 때론 연합해서 집권하는 정치 형태를 띠고 있어요.

프랑스 사람들은 자전거를 많이 이용한대.

로댕의 청동 조각상
〈생각하는 사람〉

프랑스는 세계가 미국과 소련 중심으로 나뉘어 자본주의와 사회주의 체제로 서로 대립각을 세울 때도 서로 다른 생각과 새로운 것을 거부감 없이 수용하고 존중했어요. 이런 전통이 있기에 이들은 문화와 예술의 꽃을 피울 수 있었어요. 이런 힘이 결국 프랑스를 자유의 나라로, 수도 파리를 세계 문화와 예술의 중심 도시로 만드는 원동력이 되었어요. 지금도 프랑스는 지구상의 가장 선진적인 문화와 정신을 가진 나라로 다른 나라의 모범이 되고 있어요.

[England]

영국 이야기

해가 지지 않았던 옛 영광의 나라

런던의 대형 탑시계 빅벤과 이층 버스

🇬🇧 영국 사람들은 혼자 있어도 줄을 서요

영국은 18세기 산업 혁명을 통해 자본주의가 제일 먼저 발달한 나라로 지구상에서 근대화의 전통이 가장 오래되었어요. 그러다 보니 새것을 좋아하는 우리와 달리 생활 속에서 전통을 존중하는 정신이 아주 강해서 생활이 좀 불편하더라도 오래된 건물이나 도로에 손을 대지 않고 그대로 유지하는 경우가 많아요. 그래서 세계에서 가장 큰 도시인 런던의 시내 한복판의 도로가 여전히 좁아터진 왕복 2차선으로 남아 있어요. 그러나 이것을 해결하기 위해 도로를 새로 만드는 것이 아니라 전통을 위해 인내하면서 교통량을 줄이는 정책을 써요. 이런 인내심은 줄서기에서도 잘 나타나요. 서로 먼저 타려고 다투기 보다는 오래 기다리더라도 줄을

버킹엄 궁전을 지키는 왕실 근위병들

서서 버스나 기차를 타고 내려요. 하지만 공평하기 때문에 아무도 불평하지 않는다고 해요. 이렇게 줄을 잘 서다 보니 영국 사람은 혼자 있어도 줄을 선다는 말이 생겨날 정도예요.

🇬🇧 홍차를 안 마시고는 못 사는 영국 사람

영국은 유럽이니 커피만 마시는 것으로 착각하기 쉽지만 실은 영국 사람들은 정말 홍차를 좋아해요. 그래서 차 마시는 시

간이 따로 있는 나라는 아마 영국이 전 세계에서 유일한 나라일 거예요. 이렇게 차를 좋아하다 보니 일어나자마자 홍차를 마시고 아무리 적게 마시는 사람도 하루 5~6잔 정도씩은 꼭 마신다고 해요. 우리가 마시는 차 중에는 녹차와 홍차가 있어요. 이 중에 영국 사람들은 녹차보다 홍차를 훨씬 더 좋아해요. 마시는 차가 중국에서 영국으로 소개된 것은 지금으로부터 약 17세기경이었어요. 당시 차는 영국 상류층 사회에서 큰 인기를 끌었는데 영국 사람들은 배를 이용해 부지런히 차를 운반했지만 거리가 멀다 보니 늘 도중에 발효되기가 일쑤였어요. 하는 수 없이 이 발효된 차를 마시기 시작했는데 영국 사람들의 입맛에 아주 딱 들어맞았어요. 이 홍차가 오늘날까지 이어져 오면서 이제는 홍차가 없으면 못 사는 나라가 되었어요. 중국이 원조인 마시는 차가 영국 사람들이 안 마시고는 못 사는 차가 된 것은 한때 영국이 작은 섬나라에서 벗어나 해가 지지 않는 나라가 될 정도로 전 세계로 진출했다는 옛 영광을 되새겨 주는 것이기도 해요.

아서 왕과 기사도 정신

아서 왕은 어떤 인물인지가 정확히 알려져 있지는 않아요. 고대 로마 제국 침략 당시 영국을 구하기 위해 싸웠던 전설적인 영웅으로만 알려져 있어요. 또한 아서 왕과 더불어 유명했던 것은 바로 기사도 정신이에요. 기사란 당시 왕과 함께 전쟁에 나가 싸우는 군인을 말해요. 아서 왕 당시 기사는 용기와 명예를 최고의 가치로 삼고 약자를 괴롭히지 않는 것으로 유명해요. 우리는 이것을 기사도 정신이라고 해요. 하지만 총 등이 보급되자 기사는 몰락하고 말았어요.

🇬🇧 여러 민족이 섞인 나라, 영국

영국은 일본과 같은 섬나라이지만 일본과 달리 유럽 대륙과 가깝다 보니 수많은 민족의 침략을 받았어요. 그러다 보니 지금 영국 국민을 구성하고 있는 사람들은 다양한 민족이 섞여 있어요. 원래 영국 섬에는 이베리아족이 이곳저곳에 흩어져서 살았고 기원전 6세기경 켈트족이 유럽에서 건너와 영국에 정착했는데 켈트족은 몸에 그림을 그리는 풍습이 있었어요. 그래서 영국을 뜻하는 브리튼이라는 말은 '몸에 그림 그리는 사람'이라는 뜻의 그리스 말에서 유래했다고 해요. 기원전 55년경 당시 최고의 선진국이었던 로마 제국의 율리우스 카이사르가 영국을 식민지로 만들었고 영국 섬은 로마의 지배 아래에 약 400년 동안 놓이게 되었어요. 하지만 4세기 후반 게르만족의 1차 대이동이 일어나면서 앵글로색슨족 등이 밀고 들어오자 로마 군대는 영국에서 쫓겨나고 말아요. 이때 먼저 들어

카이사르 석상

카이사르와 주사위는 던져졌다!

율리우스 카이사르는 영어로는 시저라고 불러요. 그는 갈리아 전쟁과 영국 전쟁 등을 승리로 이끌면서 고대 로마를 세계 최고의 제국으로 만드는 디딤돌을 놓은 위대한 인물이에요. 그는 자신을 반대하는 반대파와 싸우기 위해 로마의 루비콘 강을 건너면서 "주사위는 던져졌다"는 말을 한 것으로 유명해요. 또한 우리가 익히 들어서 알고 있는 "왔노라, 보았노라, 이겼노라"도 그가 남긴 말이에요. 『내란기』라는 문학 외 『갈리아 전기』 등의 작품을 남겼으며 말년에 반대파에 의해 살해당했어요.

노르망디와 노르망디 상륙 작전

게르만족 중에서 덴마크, 스칸디나비아 지방을 근원지로 하는 민족을 노르만족이라고 해요. 노르만은 '북쪽 사람들'을 뜻하며 바이킹이라고도 하는데 노르망디는 프랑스 북부 지역으로 노르만족이 사는 땅이라고 노르망디라고 불러요. 노르망디는 기후가 습윤하여 곡물과 사과 재배로 유명하며 목축이 많이 이뤄지고 있어요. 제2차 세계 대전 중 1944년 6월 미·영 연합군이 북프랑스의 노르망디 해안에 상륙 작전을 감행하여 독일군 격퇴의 교두보를 확보한 작전을 노르망디 상륙 작전이라고 불러요.

와 정착했던 켈트족은 앵글로 색슨족에 쫓겨 지금의 웨일스와 스코틀랜드 지방으로 밀려났어요. 그래서 오늘날 웨일스·스코틀랜드·잉글랜드가 한 나라이지만 다른 민족 구성으로 이루어지다 보니 서로 사이가 좋지만은 않게 되었어요. 이렇게 9세기경 영국에 처들어 온 앵글로 색슨계에 의해서 비로소 영국은 통일 왕국의 기초를 마련해요.

🇬🇧 영국과 프랑스의 관계

영국은 앵글로 색슨족이 통일 왕국의 기초를 닦았지만 대륙으로부터 수차례 침략을 받는 혼란기를 거쳐 여러 민족이 함께 섞이게 되었어요. 10세기 말 북쪽 덴마크에서 몰려온 데인인은 앵글로 색슨족을 누르고 최고의 지배자가 되었어요. 그것도 잠시, 대륙으로 망명했던 앵글로 색슨족 왕가가 다시 돌아와 이들이 왕위에 올라요. 또 그것도 잠시 프랑스의 노르망디에 자리 잡은 노르만족의 일

영국 솔즈베리 평원에 있는 고대 거석 스톤헨지

파인 바이킹족이 영국 왕이 죽자 먼 친척임을 내세워 영국을 침략하여 영국 왕위에 오르면서 노르만 왕조를 열어요. 이때의 왕이 윌리엄 1세예요.

노르망디란 '노르만족이 사는 지역'이라는 뜻이에요. 노르만족은 영국뿐 아니라 프랑스 일부 지역에도 살고 있었어요. 하지만 이때의 노르만족은 아직 힘이 약해 프랑스의 속국에 불과했어요. 그래서 대부분의 영국 귀족들은 프랑스어를 사용했고 프랑스 문화를 따랐어요. 하지만 프랑스의 힘이 약해지고 노르만족의 힘이 점점 커지게 되자 노르만족의 영국 왕조는 프

영국 여왕의 왕관

랑스의 속국에서 벗어나 영국뿐 아니라 프랑스의 노르망디도 자신들의 땅이라고 주장하게 되었어요. 이런 복잡한 역사적 관계가 결국 영국과 프랑스를 100년 전쟁으로 이끄는 전초가 되었어요.

🇬🇧 대헌장, 마그나카르타와 장미 전쟁

영국의 노르만 왕조는 힘을 키워 영국을 다스리면서 점차 프랑스 땅도 차지하게 되었어요. 이러면서 영국과 프랑스는 점점 사이가 나빠졌어요. 그러다가 영국의 존 왕 때는 프랑스의 반격에 의하여 차지하고 있던 프랑스 땅을 잃게 되었어요. 1204년에는 노르망디를 잃고 1206년에는 남부 프랑스의 영국 땅을 거의 빼앗기고 말았어요. 이에 영국의 존 왕은 프랑스와 전쟁을 계획하지만 영국 역사상 처음으로 귀족들이 왕의 명령을 거역하는 일이 벌어졌어요. 귀족들의 반대에도 불구하고 존 왕은 단독으로 프랑스와 전쟁을 치렀지만 패하고 말았어요. 이에 귀족들은 왕이 저질러 놓은 일을 더 이상 감당하기 어렵게 되자 1215년 앞으로는 귀족의 동의 없이 왕이 마음대로 할 수 없다는 조항을 핵심으로 하는 대헌장 이름하여 '마그나카르타'를 존 왕에게 서명하게 했어요. 이후에도 계속 대립

템스 강 북쪽 언덕 위에 있는 인기 관광 명소 런던탑

을 하던 영국과 프랑스는 결국 100년 전쟁으로 폭발했어요. 100년 동안 끌던 영국과 프랑스의 전쟁은 잔 다르크에 의해 프랑스의 승리로 막을 내리고 100년 전쟁이 프랑스의 승리로 끝나자 이제는 영국 안에서 갈등이 폭발하고 말아요. 영국 내에서 두 왕가가 왕위 계승권을 놓고 1455년 서로 충돌했어요. 30년 동안 벌어진 이 전쟁을 장미 전쟁이라고 부르는데 붉은 장미 문장을 사용하는 랭커스터가와

갑옷을 입은 중세 영국 기사

> **동인도 회사란 뭘까?**
>
> 동인도 회사란 17세기 초 영국, 프랑스, 네덜란드 등이 동양에 대한 독점 무역권을 확보하기 위해 동인도 지역에 세운 회사를 말해요. 동인도란 인도와 인도차이나, 말레이 제도를 포함하는 지역을 가리키는 말이에요.

흰 장미 문장을 사용하는 요크가의 충돌이기 때문에 장미 전쟁이라고 하는 것이에요. 전쟁은 요크가가 승리하면서 에드워드 4세가 왕위에 올랐지만 이후 랭커스터가의 왕위 계승권자인 튜더가의 헨리가 요크가의 딸과 결혼함으로써 두 가문을 통합하고 헨리 7세로 왕위에 올라 새로운 튜더 왕조가 시작되었어요.

🇬🇧 무적함대를 무찌른 엘리자베스 1세

영국은 16세기인 엘리자베스 1세에 와서 전성기를 이루기 시작해요. 엘리자베스 여왕이 통치한 40년 동안의 업적 중 가장 큰 두 가지를 꼽으라면 첫째로는 종교 개혁이에요. 여왕의 아버지 헨리 8세는 첫 번째 왕비인 캐서린과의 이혼을 교황청에서 허락하지 않자, 영국 국교회를 선포해 교황청에서 벗어나 영국의 자주권을 가지고자 시도했어요. 아버지 헨리 8세가 만든 영국 국교회는 그의 딸 메리 1세에 의해서는 지지를 못 받았지만 뒤를 이은 엘리자베스 1세는 영국 국교회를 다시 활성화 시켰어요.

독점 무역을 위해 세워진 영국 동인도 회사의 본사 모습

　두 번째로는 스페인의 무적함대를 격파한 것이에요. 스페인의 펠리페 2세는 당시 스페인 통치권 아래에 있는 네덜란드 공화국에 대한 영국의 지원을 막고 식민지 쟁탈전에서 영국과의 경쟁에 승리하기 위해 무적함대를 보내요. 이때 스페인은 전 세계에서 가장 우수한 해군력을 가지고 있었기에 누가 봐도 영국은 상대가 되지 않는다고 생각했어요. 하지만 영국은 여러 가지로 열세였으나 뛰어난 기동력과 잘 훈련된 군사들로 인하여 스페인 무적함대에 큰 타격을 주었어요. 스페인은 그 많은 함대 중에 겨우 54척만 살아남아 본국으로 돌아가게 되었어

셰익스피어와 간디의 대결

영국의 역사가 토머스 칼라일은 자신의 책에서 셰익스피어를 인도와도 바꾸지 않겠다고 말했어요. 당시 영국의 식민지였던 인도를 포기하는 한이 있어도 셰익스피어는 포기할 수는 없을 만큼 위대한 작가라는 말이겠지요. 하지만 지금 독립 국가로 살아가는 인도의 입장에서는 무척 자존심 상하는 말이겠지요. 그래서 인도 사람들은 간디를 영국과도 바꾸지 않는다는 말로 응수했어요.

요. 무적함대의 패배는 스페인의 몰락과 해상권이 영국으로 넘어가는 계기가 되었을 뿐만 아니라 스페인 통치 아래에 있던 네덜란드가 스페인으로부터 독립을 하는 계기도 되었어요. 이렇게 영국은 국운이 상승하면서 세계 제일의 국가로 발돋움을 했어요. 스페인의 무적함대를 격파하여 해상권을 잡은 영국은 이제 떠오르는 태양이었어요. 뿐만 아니라 영국은 셰익스피어로 상징되는 영국 르네상스의 개화기요, 절대왕정기의 절정기를 맞게 되었어요. 또한 식민지 전초 기지였던 동인도 회사를 설립하여 해외 발전의 기틀을 마련한 것도 이때였어요.

🇬🇧 민주주의의 역사, 영국

귀족들만의 전쟁인 장미 전쟁을 30년간이나 치르면서 많은 귀족들이 죽어 영국은 귀족들의 수가 엄청나게 줄어들었어요. 수가 줄어들자 힘도 약해졌어요. 이 틈을 타

셰익스피어

고 힘을 키운 아래 계층이 정치에 참여하면서 영국에서는 민주주의 기운이 싹트기 시작했어요. 그렇지만 엘리자베스 1세 때는 왕권이 다시 막강해지면서 귀족과 아래 계층인 부유한 상인들이 모인 의회는 전혀 힘을 쓰지 못했어요. 그래서 이때를 영국의 절대왕정의 시대라고 불러요. 결혼을 하지 않은 엘리자베스 1세가 죽고 스코틀랜드의 왕 제임스 1세가 영국의 왕이 되었어요. 하지만 제임스 1세는 무리한 세금을 요구하여 국민들의 신망을 얻지 못했어요. 그 뒤를 이어 즉위한 사람이 바로 찰스 1세인데 찰스 1세는 의회를 무시하고 벌인 프랑스와의 전쟁에 패한 후 의회로부터 '권리 청원'을 받게 되었어요. 찰스 1세는 존 왕이 대헌장을 받아들일 때처럼 권리 청원을 받아들일 수밖에 없었어요. 그래서 왕권은 더 줄어들고 대신 귀족과 부유한 상인 등의 모임인 의회의 힘이 강해지게 되었어요. 이 모임이 오늘날 국회의 바탕이 되었어요. 하지만 그 후 찰스 1세는 의회와의 약속을 무시하고 의회를 해산하려다 왕을

법의 종류, 성문법과 불문법

성문법이란 글자로 만들어진 법이란 뜻이고 불문법이란 글자로 만들어지지 않은 법이란 말이에요. 그러니까 성문법이란 문자로 표현되고 문서의 형식을 갖춘 법을 말하며 현재 대부분의 나라가 성문법을 채택하고 있어요. 우리나라도 성문법을 채택하고 있어요. 그리고 불문법은 문자나 문서로 표현되지 아니한 법체계를 말하는 것이에요. 주로 영국이 이 불문법을 시행하는 나라예요.

런던의 명물 택시

영국 여왕이 사는 버킹엄 궁전

지지하는 왕당파와 의회를 지지하는 의회파로 나누어지면서 8년간의 내전이 벌어지게 되었어요. 왕당파가 전쟁에 지게 되자 찰스 1세는 처형이 되었어요. 이때 의회를 구성하는 대부분의 사람들이 청교도였으므로 이 사건을 '청교도 혁명'이라고 해요. 의회파가 승리한 틈을 타서 크롬웰은 왕이 없는 공화정을 수립하고 독재 정치를 했어요. 하지만 그가 죽고 다시 왕정으로 돌아왔지만 왕들도 독재 정치를 계속 했어요. 이에 의회는 왕을 견제하기 위해 제임스 2세 때 네덜란드 총독과 결혼한 딸

메리를 다음 왕으로 추대하려고 1688년 영국으로 초대해요. 이때 메리 부부는 네덜란드 군대를 이끌고 영국으로 들어오고 싸움에서 이길 수 없었던 제임스 2세는 프랑스로 망명을 해요. 1688년 영국은 전쟁 없이 왕을 바꾸게 되고 유혈 사태 없는 혁명이라고 이를 '명예혁명'이라고 불러요. 이렇게 영국은 국왕은 있지만 법에 따라 나랏일을 하는 입헌 군주국의 바탕을 잡아가면서 민주주의를 향한 역사의 단추를 맞추어 나갔어요.

영광의 영국과 오늘날의 영국

입헌 군주제로 민주주의를 확립해 나가던 영국은 19세기 빅토리아 여왕 시대에는 '해가 지지 않는 나라'로 불리었어요. 당시 영국은 산업 혁명으로 힘이 막강해졌고 많은 식민지도 개척했어요. 그래서 "본토인 영국에서는 해가 지더라도 세계 여러 곳에 있는 영국의 식민지 어느 한 곳에서는 해가 떠 있었기에" 이 말은 강대국 영국을 상징

군림하되 통치하지 않는 빅토리아

빅토리아 여왕은 1837~1901년까지 영국의 여왕으로 있었어요. 그녀는 '군림하되 통치하지 않는 여왕'의 모범을 보이며 영국을 최고의 전성기로 이끌었어요. 그래서 그녀는 영국에서 가장 사랑 받은 군주들 중에 한 명으로 곳곳에 그녀의 흔적이 남아 있어요. 그녀 흔적은 런던에 있는 빅토리아 앨버트 미술관, 짐바브웨와 잠비아 국가 사이에 있는 빅토리아 폭포를 비롯한 영국의 식민지였던 나라들의 지명과 건물명에 아직도 여전히 남아 영국의 옛 영광을 되새기게 해요.

빅토리아 여왕

적으로 표현해 주는 말이었어요. 1921년 당시 영국은 아프리카·아시아·아메리카 등 전 세계 인구의 약 4분의 1에 해당하는 4억 5,800만 명 이상의 인구와 지구 육지 면적의 약 4분의 1에 해당하는 3천 6백 7십만 제곱킬로미터의 영토를 차지했어요. 거대한 제국이 된 영국은 세계 역사에 경제·법·정부 조직·군사·스포츠·교육·학술·과학 등 문화와 사회 전반에서 엄청난 영향을 미쳤어요. 특히 이때 변방의 언어에 불과했던 영어를 세계 공용어 위치까지 올려놓았어요. 하지만 대영 제국도 제1·2차 세계 대전을 거치면서 국력이 쇠약해져 지금은 그 지위를 미국에게 넘겨주었어요. 하지만 여전히 민주주의와 산업 혁명의 발생지로서 세계사에서 차지하는 위치는 대단할 뿐만 아니라 제2의 영광을 위해 다시 열심히 도약하고 있는 역사와 전통을 가진 나라예요.

빅토리아 여왕의 얼굴이 새겨진 옛 화폐

[Germany]

독일 이야기

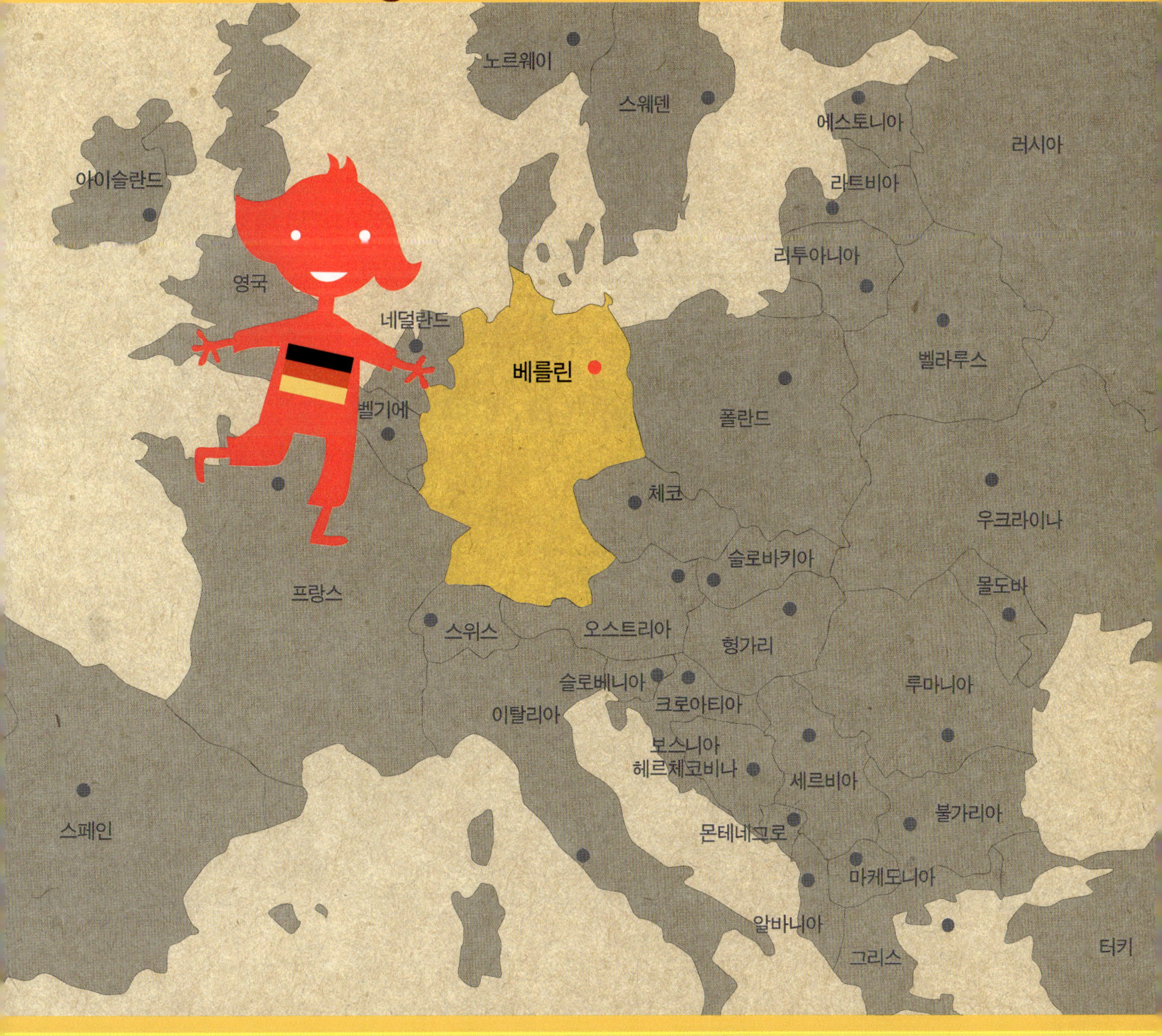

기적의 전차 군단

🇩🇪 맥주의 나라 전차 군단의 나라

독일은 맥주의 나라로 유명해요. 또 맥주에 곁들여 먹는 소시지 맛은 그야말로 일품이에요. 독일 사람들은 주식으로 빵과 감자·소시지를 즐겨 먹는데 소시지의 경우는 특히 사랑받는 음식이기 때문에 그 종류만 해도 1천 종이 넘는다고 해요. 독일이 이렇게 맥주로 유명하게 된 것은 수질과 관련이 깊어요. 독일의 지하수는 대부분 맑은 물이 아닌 석회수이다 보니 바로 먹을 수가 없었어요. 그러다 보니 음료 대용으로 맥주를 개발하면서 오늘날 맥주의 나라가 되었어요. 우리나라처럼 지하수가 맑은 나라는 정말 복 받은 나라예요. 이웃 나라인 중국도 석회수가 나와서 반드시 물을 끓여 먹어야 해요. 그리고 끓인 물에 차를 넣어 마시다 보니 차 문화가 발달하게 되었어요.

우리는 흔히 독일 축구 대표팀을 전차 군단이라고 불러요. 원래 전차를 가장 먼저 만든 나라는 영국

독일의 폭스바겐 자동차

독일의 맥주 축제인 옥토버페스트를 즐기는 사람들

이지만 전차를 크게 발전시킨 나라는 독일이에요. 그래서 제1·2차 세계 대전을 거치면서 독일은 전차 강국이라는 칭호를 얻었어요. 그런데 독일의 축구하는 모습이 흡사 질풍노도처럼 밀어붙이는 전차 군단을 닮았다고 해서 독일 축구팀의 별명이 전차 군단이 되었어요.

입던 속옷을 싸게 팔아요!

독일은 세계에서 가장 잘 사는 나라가 되었지만 지금도 양

말을 꿰매 신을 정도로 전 세계에서 가장 검소한 민족으로 유명해요. 어른들의 검소한 정신은 아이들에게도 영향을 미쳐서 자기가 입던 속옷도 내다 판다고 해요. 아이들은 '입던 속옷을 판다'는 광고가 나면 자신에게 필요한 옷이 있는지를 살펴보고 필요한 중고 옷을 사요. 독일 사람들은 우리와 달리 중고품을 좋아하고 입던 옷은 몇 번이고 빨아서 나쁜 화학 성분이 없다고 오히려 더 좋아한다고 해요. 특히 초등학교 때는 아이들이 무럭무럭 자라기 때문에 옷이 떨어지기 전에 못 입게 되어 중고 옷을 서로 사고파는 근검절약을 생활화하고 있어요. 하지만 옷을 입을 때는 세상에서 가장 깨끗하게 빨아서 가장 단정하게 입는 것이 이들의 문화예요. 이런 근검절약하는 정신이 독일을 두 번의 세계 대전의 패배 속에서도 그 패전을 딛고 가장 빠르게 선진국으로 만든 게르만족의 정신일 거예요.

🇩🇪 게르만족의 대이동

독일 민족을 이루고 있는 80퍼센트 이상의 사람들은 게르만족이에요. 고대 게르만족은 원래 북유럽에 주로 살았지만 약 4

아헨 성당의 벽을 장식하고 있는 스테인드글라스

세기경부터 남유럽 쪽으로 남하를 시작했어요. 그리고 전 유럽으로 퍼져 나갔어요. 남유럽으로 남하를 시작한 이유는 게르만족의 인구가 증가하자 추운 북유럽에서는 먹을 것이 부족해 살기가 힘들었어요. 그래서 따뜻한 기후와 농사짓기 좋은 땅을 찾아 남으로 내려왔어요. 이렇게 4~6세기경에 일어난 이동을 게르만족 대이동이라고 해요. 남으로 내려온 게르만족들은 다른 민족과

독일의 전통 맥주잔

독일 이야기 65

세계에서 세 번째로 큰 독일 쾰른 대성당의 외부와 내부 모습

섞이기도 하고 혹은 자신만의 나라를 만들기도 하고 혹은 힘이 약해진 로마 제국으로 마구 스며들어 유럽 전역에서 자리를 잡았어요. 뭉뚱그려 게르만족이라 불리는 이들은 아주 다양한 종족으로 이루어져 있어요. 훈족, 반달족, 고트족, 프랑크족, 바이킹족 등이 바로 게르만족에 속하는 다양한 종족들의 이름이에요.

🇩🇪 독일의 조상, 동 프랑크 왕국

게르만족의 다양한 종족들 중 특히 프랑크족이 가장 힘이 세었어요. 프랑크족은 지금의 독일과 프랑스 그리고 476년 서로마 제국이 망한 자리인 지금의 이탈리아 지역을 아우르는 곳에 481년 프랑크 왕국을 세웠어요. 그렇게 프랑크 왕국으로 약 400년 가까이 지내 오다가 840년 프랑크 왕국의 왕 루이 1세가 죽자 세 아들 사이에 영토 문제로 싸움이 벌어졌어요. 결국 이 싸움은 843년 프랑크 왕국을 동 프랑크, 중 프랑크, 서 프랑크의 3개의 나라로 나누면서 마무리가 되었어요. 그러다가 제일 큰 형이 죽자 나머지 두 동생은 형의 나라를 다툼 없이 공평하게 나누어 가져 다시 두 나라가 되었고 이 두 나라는 오늘날의 프랑스에 해당하는 서 프랑크와 오늘날의 독일에 해당하는 동 프랑크가 되었어요. 지금 독일의 조상은 프랑크가 세 나라로 갈라지던 843년 동 프랑크에서부터 시작된다고 할 수 있어요.

괴테와 베르테르 효과

괴테는 설명이 더 필요 없는 독일의 위대한 작가예요. 그는 1774년에 『젊은 베르테르의 슬픔』이라는 소설을 발표했어요. 이 소설은 발표되자마자 단숨에 전 유럽으로 퍼져 나가 괴테를 유명하게 만들었어요. 하지만 소설이 유명해지자 소설의 주인공 '베르테르'를 따라 자살하는 사람이 많아졌어요. 그 후로 유명한 사람이 사살하면 그 사람과 비슷한 방법으로 따라 죽는 신드롬을 '베르테르 효과'라고 하면서 사회학 용어로 사용하고 있어요.

독일 이야기

🇩🇪 오토 대제와 신성 로마 제국

비스마르크

이렇게 시작된 동 프랑크는 911년 동 프랑크의 왕이 왕위를 이어받을 왕자 없이 세상을 떠나고 말았어요. 그러자 힘 있는 지방 호족들이 서로 왕이 되려는 욕심으로 모여 들었고 결론이 나지 않자 선거로 왕을 뽑기로 했어요. 그리고 왕으로 뽑힌 사람이 죽으면 다시 모여 선거로 왕을 뽑기로 했어요. 가장 먼저 뽑힌 왕은 하인리히 1세였고 그의 아들 오토 1세는 아버지가 죽자 다른 경쟁자를 물리치고 다시 왕위에 올랐어요. 하지만 선거로 왕이 뽑히다 보니 지방 호족들의 등쌀에 힘 있는 왕이 되지 못했어요. 이에 오토 1세는 교회를 이용하여 지방 호족들의 간섭을 물리칠 방법을 찾아내었어요. 당시 교회는 한 나라의 정치를 뒤흔들 정도로 힘을 가지고 있었어요. 그중에서도 로마 교황의 힘은 어마어마했어요. 그래서 오토 1세는 교회와 손을 잡고 교회에 막대한 재산과 권한을 아낌없이 지원하면서 교회를 자신의 편으로 만들었어요. 교회를 무조건적으로 지원

비스마르크와 철혈 정책

철혈 정책이란 비스마르크의 독일 통일 정책을 말해요. 1862년 독일 통일 전 프로이센의 수상으로 임명된 그는 독일의 통일은 다수결이나 토론이 아니라 바로 철과 피, 즉 군대에 의해서만 가능한 일이라고 말했어요. 이런 연유에서 비스마르크를 '철혈 재상'이라고 부르고 그의 정책을 '철혈 정책'이라고 해요. 그리고 그는 그의 주장대로 1871년 전쟁을 통해서 독일을 하나의 나라로 통일했어요.

하는 오토 1세에게 로마 교황도 전폭적으로 지지를 보내게 되었어요. 로마 교황은 오토 1세에게 962년 비록 서로마 제국은 멸망하고 없지만 상징적으로 로마 제국 황제라는 칭호를 주게 되었어요. 이렇게 명예뿐이지만 로마 황제의 칭호까지 받게 된 오토 1세는 나라 이름을 신성 로마 제국이라고 고쳐 불렀어요.

비스마르크의 독일 통일

이후부터 신성 로마 제국은 오토 1세가 꿈꾸던 대로 강력한 왕권을 가지게 되었어요. 하지만 생각지도 못했던 또 다른 문제가 생겼어요. 로마 황제라는 칭호까지 받게 된 독일의 왕들은 그 명예에 들떠서 독일의 정치에 힘쓰기보다는 교황이 있는 이탈리아 일에만 점점 관심을 돌리기 시작했어요. 그러다 보니 다시 황제의 힘은 약해지기 시작했고 이 틈을 타 지방 호족들이 들고 일어났어요. 이렇게 호족끼리 싸우면서 땅따먹기를 하게

마르틴 루터와 파문

1521년 독일의 마르틴 루터는 교황 레오 10세로부터 청천벽력 같은 파문 처분을 받았어요. 당시 성직자에게 파문은 모든 활동과 권한을 정지 당하는 것이었어요. 한 마디로 쫓겨나는 것이지요. 하지만 루터는 이에 굴하지 않고 1517년 비텐베르크 대학교 부속 교회당 정문에 '95개조의 논제'라는 제목으로 돈을 받고 죄를 면해 주는 면죄부를 비판하는 내용을 실었어요. 루터의 항거는 타락한 교회에 대한 반감으로 폭풍 같은 반향을 불러일으키며 전 유럽을 뒤흔들었어요. 이를 계기로 오늘날 개신교를 탄생시키며 유럽을 새로운 소용돌이 속으로 넣었어요.

히틀러

되자 약 1300년경 신성 로마 제국은 300여 개의 호족들이 지배하는 종잇조각 같은 나라가 되고 말았어요. 그 후 명맥만 유지하던 신성 로마 제국은 300여 개 나라 중 오스트리아가 이어받았고 1806년 나폴레옹에 의해 멸망 당할 때까지 계속되었어요. 나라가 300여 개로 갈라지다 보니 1871년 비스마르크에 의해 한 나라로 통일될 때까지 독일은 주위 힘 있는 나라의 세력 다툼의 전쟁터로 전락할 지경이었어요. 그나마 다행인 것이 300여개의 나라로 갈라져 있어도 자기들끼리는 큰 싸움 없이 지내 왔어요. 하지만 1517년 일어난 마르틴 루터의 종교 개혁을 계기로 독일 안의 수많은 나라들은 종교 문제로 서로 전쟁을 벌이기 시작했어요. 그리고 주위의 여러 나라들도 이것 저것 간섭하기 시작하면서 독일은 1618~1648년까지 30년 전쟁에 빠져들어요. 이 전쟁을 계기로 독일은 350여 개의 작은 나라로 완전히 갈라지고 시간이 지나면서 이들 중에 프로이센과 오스트리아가 힘이 가장 센 나라가 되었어요. 이때 프로이센의 재상으로 등장한 비스마르크는 오스트리아를 꺾고 프랑스도 물리치면서 1871년 갈가리 찢긴 독일을 처음으로 통일하고 도이칠란트 제국을 선포했어요. 그러니까 신성 로마 제국 이후 두 번째 제국이 등장한 것이에요.

🇩🇪 히틀러의 등장

통일을 통해 다시금 유럽의 강국으로 등장한 독일은 식민지 쟁탈전에도 뛰어들었어요. 이러다 보니 영국, 프랑스 등과 팽팽한 긴장 관계가 되었고 유럽 전역은 서로의 이익을 위하여 동맹을 맺으며 전쟁도 불사할 분위기로 접어들었어요. 그러던 차에 1914년 오스트리아와 독일의 위협을 두려워하고 있던 세르비아에 오스트리아 황태자가 방문하게 되었어요. 이때 세르비아의 청년이 오스트리아 황태자를 저격함으로써 끝내 화약고가 폭발하여 강대국들의 제1차 세계 대전이 일어났고 독일은 여기서 패전국이 되었어요. 그리고 패전으로 엄청난 전쟁 배상금을 물게 되자 나라는 비참한 상황으로 빠져들었어요. 독일의 암담하고 희망 없는 이런 상황에 등장한 사람이 바로 히틀러였어요. 히

히틀러와 『나의 투쟁』

히틀러는 1889년 오스트리아에서 출생하여 1933년 독일 연방의 총리가 되었어요. 반유대주의와 게르만 민족의 우월성을 내세우며 제2차 세계 대전을 일으켰어요. 『나의 투쟁』은 히틀러가 뮌헨에서 반란을 일으킨 후 실패하여 감옥에 갇혀 있었던 1924년에 집필한 책이에요. 이 책에는 그의 철학과 사상 그리고 반유대주의적 가치관이 고스란히 담겨 있어요.

딱딱한 열매의 껍질을 깨는 독일의 넛크래커

마셜 플랜과 유럽 부흥 계획

마셜 플랜이란 제2차 세계 대전 후 강대국이 된 미국이 전쟁으로 엉망이 된 서유럽을 살리기 위해 1947~1951년까지 행해진 원조 계획을 말해요. 당시 미국 국무 장관이었던 마셜이 처음 제안했기에 마셜 플랜이라고 해요. 유럽 경제 원조와 더불어 유럽의 공산화를 막고자 하는 의미도 담겨 있었어요. 그러다 보니 공산화된 소련과 동유럽 국가들은 제외되었어요.

틀러는 독일의 재건을 내세우며 독일을 군대 국가로 만들고 제1차 세계 대전의 결과로 맺은 독일에게 불리한 모든 조약을 폐기한다고 선언했어요. 이런 히틀러의 선언은 다시 유럽을 긴장 관계로 몰아넣었고 결국 1939년 제2차 세계 대전이 일어났어요. 제2차 세계 대전은 이때까지 인류가 일으킨 그 어떤 전쟁보다도 많은 희생자가 난 비극의 전쟁이 되었어요.

패전과 독일의 분단

결국 제2차 세계 대전은 히틀러의 자살과 독일의 항복으로 막을 내렸어요. 하지만 히틀러에 의해 엄청난 피해를 당한 주변의 나라들은 독일을 이대로 두면 다시 전쟁을 일으킬지 모른다면서 독일을 쪼개기로 했어요. 주변국들은 독일이 전쟁을 일으킨 것을 갈라진 독일이 하나로 합쳐진 것에서 원인을 찾았기 때문이에요. 1949년 결국 독일은 동독, 서독으로 나누어지고 말았고 동독, 서독에는 각각의 정부가 들

조지 마셜

지금은 통일이 되어 무너진 1961년에 세운 베를린 장벽

어섰어요. 동독은 소련의 영향 아래에 공산주의 국가가 들어섰고 서독은 미국의 영향 아래에 자본주의 국가가 들어섰어요. 미국은 전쟁으로 쑥대밭이 된 유럽이 공산주의에 휩쓸려 소련의 영향 아래에 들어갈까 봐 두려워했어요. 그래서 유럽의 공산화를 막기 위해 마셜 플랜이라는 계획을 세워 유럽의 여러 나라를 지원하였어요. 특히 서독에 엄청난 원조를 했어요.

나치와 네오나치

히틀러가 만든 정당인 〈민족 사회주의 독일 노동자당〉을 독일어로 줄여서 '나치'라고 불러요. 그리고 이들의 주장과 사상을 나치즘이라고 해요. 지금 독일은 민족 사회주의 독일 노동자당이라는 이름을 법으로 사용을 금지하고 있어요. 그러나 법으로는 금지되어 있지만 아직도 그때 히틀러의 주장에 다시 동조하는 새로운 나치, 즉 네오나치가 생겨나서 히틀러의 위험한 주장을 되풀이 하고 있어요.

라인 강의 기적과 통일 독일

서독은 다시 세계 대전의 아픔을 씻고 민족 특유의 근면 성실한 정신을 앞세워 경제 대국으로 우뚝 섰어요. 우리는 이것을 라인 강의 기적이라고 불러요. 뿐만 아니라 독일은 전쟁이 주는 뼈저린 반성을 통해 다시는 이런 전쟁을 되풀이 하지 않기 위해 히틀러의 나치에 협력하고 앞장섰던 사람들을 모두 처벌했고 과거의 잘못을 후회하며 반성했어요. 이런 반성과 평화를 위한 독일의 노력은 결국 통일 독일을 만드는 데도 그대로 적용이 되었어요. 동·서독 분단 이후 소련과 미국의 냉전 속에서 동·서독에 긴장과 위험이 고조되어도 그들은 끝까지 평화적으로 문제를 해결하기 위해 노력을 다했어요. 이런 수많은 위기를 넘긴 끝에 독일은 1990년 10월, 분단 45년 만에 다시 평화적으로 통일을 이룩하면서 오늘날 세계 최고의 나라로 우뚝 서고 있어요.

[Netherlands]

네덜란드 이야기

풍차로 만든 나라

튤립과 풍차

튤립과 풍차는 네덜란드의 대표적인 상징물이에요. 네덜란드를 두고 아예 튤립과 풍차의 나라라고 부르기도 하지요. 실제 튤립은 네덜란드의 수출 품목 중 하나예요. 또한 네덜란드 곳곳에서 풍차를 만날 수 있어요. 네덜란드는 국토의 25퍼센트가 해수면보다 낮아요. 대부분의 땅은 바다를 메워 만든 간척지예요. 그래서 그 간척지의 물을 빼는 배수 시설로 풍차를 사용하기 시작했어요. 아직도 풍차를 풍력 발전 등으로 이용하고 있지만 그 수는 점점 줄어들고 있어요. 하지만 지금 풍차는 네덜란드의 대표적인 관광 자원 중 하나가 되었어요.

풍차의 나라 네덜란드

"신은 인간을 만들었고 네덜란드인은 네덜란드를 만들었다."

이는 네덜란드인들의 긍지를 표현하는 말이기도 하고 네덜란드를 가장 잘 설명해 주는 말이기도 해요. 한 나라가 만들어지는 경우를 보면 보통 먼저 땅이 있고 그 땅에 살면서 나라를 이룩해요. 하지만 네덜란드는 땅의 절반 이상을 바다와 싸워 스스로 만들어 낸 땅이에요. 네덜란드는 땅의 절반 이상이 바다였다가 육지로 변했으니 이처럼 자신들이 만들었다고 해도 틀린 말은 아니에요.

네덜란드의 국토 대부분은 바다보다 낮아요. 네덜란드라는 나라 이름도 그래서 '낮

네덜란드의 상징 튤립과 풍차

은 땅'이라는 의미를 담고 있어요. 그러다 보니 옛날부터 홍수나 해일의 피해가 이만저만이 아니었어요. 네덜란드는 수차례의 대홍수로 인해 호수가 바다가 되었고 수십 개의 도시가 물에 잠겼으며 수만 명의 희생자를 냈어요. 그래서 네덜란드는 어린아이 때부터 홍수에 대비해 반드시 수영을 가르쳐요. 이를 해결하고자 네덜란드는 사람의 힘으로써는 불가능해 보였던 '델타 프로젝트'를 진행해요. 델타 프로젝트란 세계 최고의 공학 기술을 바탕으로 네덜란드 남·서부 삼각주 지대에 대규모 댐과 방조제를 건설하는 것이에요. 이 프로젝트를 통해 비로소 네덜

네덜란드의 전통 의상

섬으로 변한 곳을 다시 육지로 만든 쇼쿨란트 간척지

란드는 물로 인해 일어나는 모든 재해를 다스릴 수 있게 되었어요.

네덜란드는 이처럼 거대한 둑으로 땅과 땅을 연결해 바닷물을 막았고 댐 안에 고인 바닷물을 퍼내 땅으로 만들었어요. 그 바닷물을 퍼내기 위해 사용한 것이 풍차인데 1만 1천여 개가 넘는 풍차가 설치되어 네덜란드를 풍차의 나라로 만들었어요. 지금도 여전히 네덜란드 사람들은 새로운 땅을 얻기 위해 바닷물을 퍼내고 있어요. 그래서 풍차는 오랫동안 자연과 싸워 네덜란드를 지켜낸 굳센 의지의 상징과도 같아요. 이제는 전기의 힘으로 물을 퍼내기 때문에 풍차가 많이 줄었지만 5월 둘째 주를 풍차의 날로 정해 네덜란드의 모든 풍차를 힘차게 돌려요.

1100년에 처음 등장한 네덜란드

네덜란드 지역은 5세기까지는 다른 유럽 지역과 마찬 가지로 로마 제국의 영향 아래 있던 땅이었어요. 5세기 이후는 독일과 프랑스 지역처럼 프랑크 왕국의 지배 아래에 있었어요. 네덜란드라는 이름이 역사에 정식으로 등장한 때는 약 1100년에 이 지역에 홀란트 공국이 세워지면서예요. 결국 네덜란드라는 말도 여기에 바탕을 두고 있어요. 당시 네덜란드 지역은 공업과 무역을 중심으로 하는 부자 도시들이 밀집해 있었어요. 그리고 이 부자 도시들은 자신들을 경제적으로 보호하기 위해 한자 동맹을 맺고 군대까지 보유하고 있었어요.

각자 부담하는 더치페이

더치페이는 비용을 각자 부담한다는 말이에요. 우리나라 국어사전에도 올라있는 외래어이지요. 영어로 더치(Dutch)는 '네덜란드의', '네덜란드 사람'이라는 뜻이에요. 네덜란드와 영국이 17세기 동인도 회사를 세워 식민지 경쟁을 할 때 서로 엄청 사이가 나빠졌어요. 원래 네덜란드에서는 더치 트리트(dutch treat)라는 말이 있는데 '한턱낸다'는 좋은 의미였어요. 이에 영국 사람들은 한턱낸다는 좋은 의미의 더치 트리트를 한턱내는 게 아니라 각자 내자는 뜻으로 그 의미를 살짝 나쁘게 바꾸어 버렸어요.

🇳🇱 스페인의 지배를 받게 된 네덜란드

당시는 국가보다 왕족의 집안이 더 큰 힘을 가지고 있었기에 왕가들이 한꺼번에 여러 나라를 다스리기도 했어요. 그중에 가장 큰 힘을 가진 곳이 부르봉 왕가와 합스부르크 왕가였어요. 하지만 13~14세기경 네덜란드는 이들 왕가가 아니라 부르고뉴 왕가가 다스리고 있었어요. 그리고 부르고뉴 왕가의 왕녀가 합스부르크 왕가로 시집을 가면서 네덜란드는 1516년 합스부르크 왕가의 소유로 넘어갔어요.

문제는 당시 합스부르크 왕가의 카를 5세가 스페인 여왕의 뒤를 이어 1515년 스페인 왕이 되어 스페인도 다스리고 있을 때였어요.

네덜란드가 합스부르크 왕가의 소유가 되자 스페인을 다스리던 카를 5세가 네덜란드까지 다스리는 상황이 되었어요. 이렇게 되자 네덜란드는 멀리 있는 스페인의 지배를 받는 꼴이 되었고 카를 5세는 자신이 직접 다스릴 수 없어 스페인에서 총독을 파견해 다스리게 했어요. 그 결과 네덜란드인의 불만이 팽배해지기 시작했어요.

독일과 네덜란드를 잇는 암스테르담 운하와 성 니콜라스 교회

네덜란드의 독립운동

마침 불만은 마르틴 루터의 종교 개혁과 맞물려 개신교의 물결이 네덜란드에 밀려 들어오자 네덜란드 사람들은 가톨릭인 스페인을 반대해 너도나도 개신교로 개종을 시작했어요. 개종 운동은 반가톨릭 운동과 맞물리고 때맞춰 신교도들은 1566~1567년에 걸쳐 우상 파괴를 명목으로 가톨릭 교회를 대대적으로 습격해요. 이에 스페인의 무자비한 탄압이 시작되고 이에 맞서 네덜란드는 오렌지 공 빌럼을 지도자로 하여 독립을

오렌지색과 네덜란드

네덜란드 국가 대표 축구팀의 별명은 오렌지 군단이에요. 그래서 유니폼 색깔도 오렌지색으로 입고 나와요. 뿐만 아니라 네덜란드의 축제인 여왕의 생일에도 모든 사람이 오렌지색 옷을 입고 밖으로 나와 축하한다고 해요. 이렇게 오렌지가 네덜란드의 색깔이 된 이유는 네덜란드가 스페인에 대항해 독립 전쟁을 벌일 때 네덜란드 독립 전쟁을 이끈 지도자의 이름이 바로 오렌지 공이었어요. 그래서 사람들은 이때부터 오렌지 공의 이름과 오렌지를 연관 지어 네덜란드의 상징 색깔로 삼았다고 해요.

선언하고 독립 전쟁을 벌였어요. 독립 전쟁의 결과 네덜란드의 남부 지방은 버티지 못하고 스페인 군대에 항복을 하면서 그대로 가톨릭교로 남게 되었고 이후 네덜란드로부터 떨어져 나와 오늘날의 벨기에가 되는 계기가 되었어요. 하지만 북부 지방은 스페인에 맞서 끝까지 독립 전쟁을 계속해 1588년 7개 주가 동맹하여 신교 국가인 통일 네덜란드를 선언하면서 투쟁을 계속했어요. 네덜란드의 독립 전쟁 중에 영국·네덜란드 연합 함대가 스페인 무적함대를 무찌르는 사건도 일어났어요. 네덜란드는 스페인 무적함대의 궤멸을 통하여 내리막길을 걷는 스페인의 지배에서 사실상 벗어나기 시작했지만 완전한 독립을 이루지 못하고 여전히 갈등은 남아 있었어요.

네덜란드의 황금시대

스페인과 전쟁을 하는 동안 네덜란드는 이미 세계로 눈을

◀네델란드의 대표 화가 렘브란트의 〈돌아온 탕아〉
▶베르메르가 그린 북유럽의 모나리자라 불리는 〈진주 귀걸이를 한 소녀〉

돌리고 있었어요. 그래서 1602년 동인도 회사를 세워 세계로 진출했어요. 네덜란드는 힘센 영국을 피해서 식민지 공략보다는 해상 무역에 눈을 돌려 유럽의 강대국으로 떠올랐어요. 이때를 네덜란드의 황금시대라고 하는데 당시 네덜란드에는 수많은 위대한 인물이 탄생했고 문화와 과학 분야도 찬란한 꽃을 피우게 되었어요. 스피노자, 에라스무스, 렘브란트, 브뢰겔 등의 세계적인 인물들이 이 시대에 탄생했어요. 그리고 네덜란드가 유럽에서 가장 먼저 종교의 자유를 얻게 되자 유럽의 신교도들과 유대인들이 네덜란드로 몰려왔어요. 그래서 네덜란드

베네룩스 삼국

베네룩스 삼국이란 벨기에, 네덜란드, 룩셈부르크를 가리키는데 이들의 머리글자를 따서 만든 말이에요. 이렇게 불리게 된 것은 제2차 세계 대전 중 세 나라의 정부가 동시에 영국에 망명 중일 때 관세 동맹을 맺으면서 생긴 말이에요. 관세란 자기 나라에 들어오는 외국 물건에 붙이는 세금을 말해요. 1948년부터 이들 세 나라는 세 나라 간의 무역에는 서로 세금을 매기지 않기로 했어요. 그리고 1960년에는 관세 동맹을 넘어 노동, 자본, 서비스, 상품 등에까지 자유로운 왕래를 보장하는 베네룩스 경제 연합으로까지 발전했어요.

는 종교의 자유를 지키는 선도자 역할도 하게 되었어요. 스페인이 과거의 영광에 대한 미련을 못 버리고 12년 후 다시 쳐들어왔지만 종이호랑이가 된 스페인은 네덜란드에 패배하고 말아요. 신·구교 국가들 간의 전쟁인 30년 전쟁을 통해 신교도들의 종교적 자유가 약속되자 신교 국가인 네덜란드도 독립을 이루게 되었어요. 이로써 1568년 시작된 네덜란드의 독립운동은 1648년 무려 80년의 시간이 흐른 뒤 베스트팔렌 조약과 함께 진정한 독립 국가의 지위를 얻었어요.

형제국 벨기에의 독립

승승장구하던 네덜란드는 결국 해상 무역권을 두고 영국과 다투다 패배하고 연이어 프랑스와의 전쟁에도 패하면서 점점 힘이 쇠약해졌어요. 그리고 네덜란드는 프랑스 대혁명 이후 나폴레옹의 지배 아래에 들어가게 되었지만 나폴레옹이 유럽 연합군에 의해 워털루 전투에서 패하자 1815년 빈 회의를 통해 다시 독립과 주권을 되찾았어요. 하지만 로마 가톨릭을 믿는 남부 지방 벨기에가 독립을 선언하고 이로 인해 남북 간의 충돌이 계속되다가 결국 북부가 독립을 인정하면서 1831년 벨기에는 네덜란드로부터 독립하여 벨기에 왕국을 세웠어요.

『안네의 일기』와 자유의 나라 네덜란드

네덜란드는 제2차 세계 대전 당시 중립을 선언했지만 독일의 침략을 받았어요. 그때 네덜란드는 자신들이 투쟁을 통해 종교의 자유를 얻었기 때문에 누구에게나 종교의 자유가 주어졌어요. 그래서 많은 유대인들이 네덜란드에 들어와 살았고 그로 인해 제2차 세계 대전 때는 네덜란드에 살던 많은 유대인들이 독일 나치에 의해 희생을 당했어요. 『안네의 일기』로 유명한 안네 프랑크도 당시 네덜란드에서 나치에게 희생당한 소녀예요. 나치가 네덜란드의 유대인들을 모조리 잡아들여 수용소로 보내 독가스를 살포해 죽이자 안네 프랑크 가족은 아버지 사무실 근처 지하에 숨어 2년여 간을 보냈어요. 하지만 연합군

안네가 유대인 탄압을 피해 숨어서 일기를 쓴 은신처

네덜란드에서 발행된 안네 프랑크의 우표

브뤼셀에 있는 유럽 연합 사무실 본부

이 네덜란드를 점령하기 두 달 전에 나치에게 발각되어 수용소로 끌려가 죽음을 맞고 말아요. 연합군에 의해 수용소가 해방됐을 때는 가족 모두가 죽고 안네의 아버지만 구사일생으로 살아남았어요. 안네의 일기는 이들의 은신 생활을 도와주었던 미프 부인이 보관하다가 아버지의 손에 들어가게 되고 안네의 아버지는 다시는 전쟁으로 어린 생명이 희생당하는 일이 없기를 바라며 딸의 일기를 책으로 펴내었어요. 안네의 일기는 전 세계적으로 큰 파장을 불러일으켰고 네덜란드는 안네가 숨어 살던 집을 박물관으로 보존하여 많은 사람들로 하여금 전쟁의 고통을 되새기도록 했어요. 제2차 세계 대전으로 네덜란드는 수많은 고통을 겪었지만 전쟁 후 네덜란드인 특유의 강인함과 도전 정신으로 다시 일어나 빠르게 경제를 성장시켜 오늘날과 같은 선진 복지 국가로 우뚝 서게 되었어요.

통나무를 파서 만든
네덜란드 전통 나막신, 클롬펀

[Italy]

이탈리아 이야기

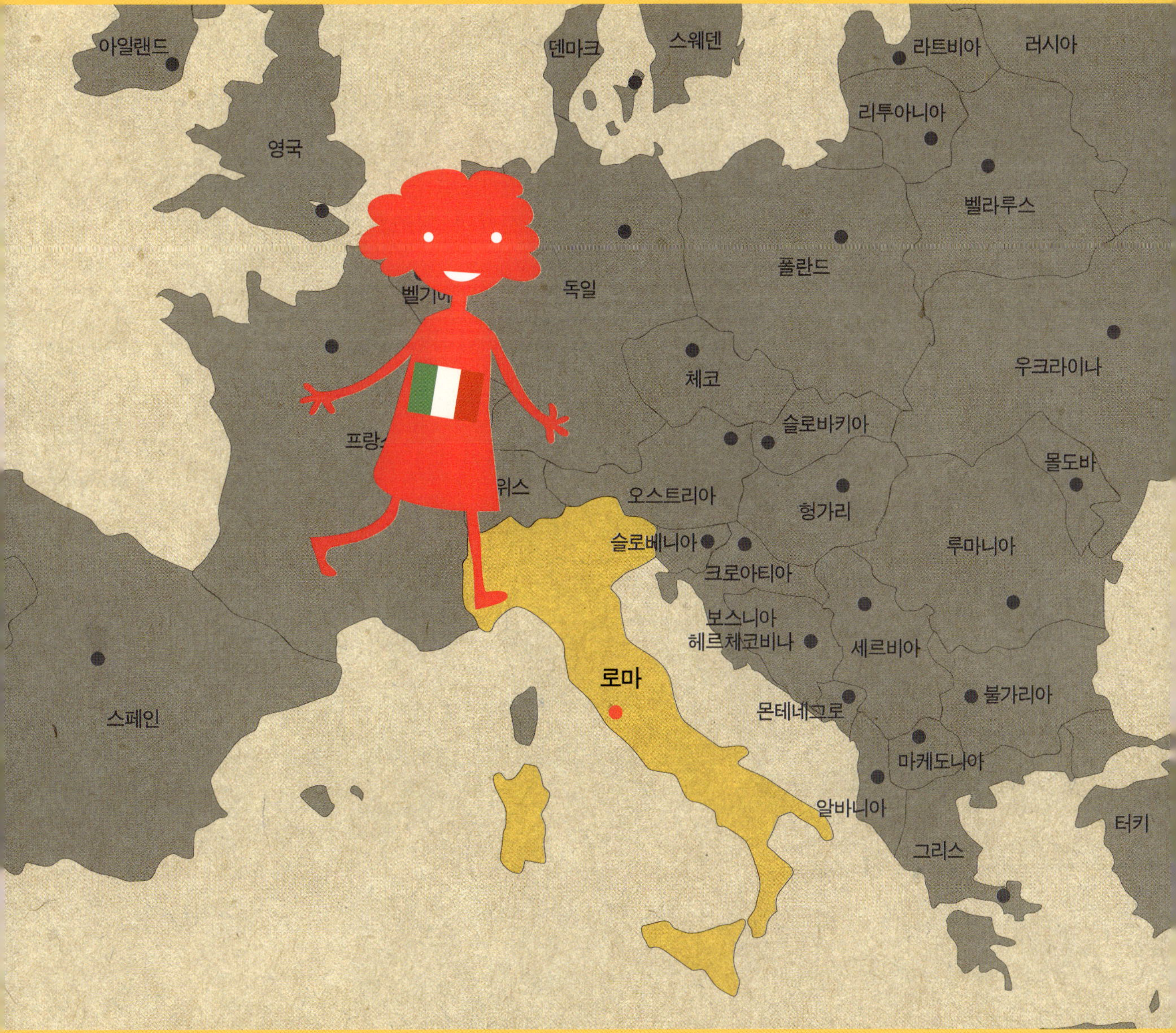

고대 로마 제국의 영광

🇮🇹 피자와 스파게티의 나라로 오세요!

피자와 스파게티는 이탈리아를 대표하는 음식으로 우리나라에 가장 많이 알려진 음식이에요. 이제 우리나라도 피자와 스파게티 없이는 못살 정도로 아주 세계적인 음식이 되었어요. 피자는 그리스로마 시대에 기름과 식초로 구워 먹던 납작한 빵인 마레툼에서 유래되었다고 해요. 그리고 피자라는 말 자체에 납작하게 눌려진, 동그랗고 납작한이라는 의미가 담겨 있다고 해요. 피자가 이렇게 세계적인 음식이 된 것은 19세기 후반에 미국으로 이민을 간 이탈리아 사람들이 생계를 위해 피자를 만들었고 조반니 룸바르디라는 사람이 뉴욕에 피자 가게를 열어 상품화하면서 전 세계로 퍼져 나갔어요.

이탈리아에서는 밀가루를 이용해 만드는 모든 국수 요리를 파스타라고 해요. 그 국수 요

이탈리아의 베네치아 축제 가면

널리 사랑 받는 이탈리아 대표 음식 피자와 스파게티

리 중 하나가 바로 스파게티예요. 파스타는 밥처럼 이탈리아 사람들의 주식이에요.

이탈리아 사람들의 주식이 된 파스타의 유래에는 여러 가지 설이 있어요. 1295년경 동방견문록을 쓴 마르코 폴로가 중국에서 국수 기술을 배워 이탈리아에 전했다는 설도 있고 사막을 다니는 아랍인들의 음식이었는데 이탈리아 상인들이 그것을 배워 전했다는 설 등이 있어요. 그리스로마 신화에서는 대장간의 신인 헤파이스토스가 파스타 만드는 기구를 발명했다는 전설까지 전하고 있어요. 이처럼 신화 속 인물까지 파스타와 관계될 정도로 파스타는 진정으로 이탈리아인의 주식이라고 할 수 있겠지요. 그리고 1830년경 미국에서 토마토가 유입되면서 더욱 다양한 양념과 조리법을 갖춘 오늘날과 같은 형태

마르코 폴로와 『동방견문록』

마르코 폴로는 동방견문록을 쓴 이탈리아의 탐험가예요. 그는 아버지가 무역상이었기 때문에 17살 때 아버지를 따라서 중국으로 가게 되었어요. 그리고 17년 동안 중국에 머물면서 중국의 여러 도시들과 주변 나라들을 방문했어요. 그 후 고향으로 돌아온 마르코 폴로는 자신의 경험을 바탕으로 『동방견문록』이라는 책을 썼어요. 당시 유럽인들은 동양에 대해 아는 것이 없었기 때문에 마르코 폴로의 이야기가 신기했어요. 이런 『동방견문록』은 서양 사람들로 하여금 동양에 대한 관심을 높이는 데도 한몫을 했어요.

가 되었다고 해요. 당연히 이탈리아에는 정말 맛있는 스파게티와 피자집이 많겠지요. 피자와 스파게티를 먹으면서 이탈리아 사람들은 찬란했던 고대 로마의 영광을 음미한다고 해요.

쌍둥이 형제가 세운 나라

이탈리아는 고대 로마 제국의 다른 이름이라고 말할 수 있어요. 고대 로마 제국은 지금의 이탈리아에서 첫 나라를 세우고 유럽 전역을 주름잡는 거대 제국으로 성장했어요. 이탈리아 건국 신화에 따르면 강에 버려져 떠내려 온 쌍둥이 아이를 늑대가 주워 키웠다고 해요. 이 쌍둥이 형제의 이름은 로물루스와 레무스로 늑대의 젖을 먹고 자랐고 이들이 나중에 로마라는 나라를 세워서 로마의 시조가 되었어요. 그래서 로마라는 이름도 쌍둥이 형제 중 하나인 로물루스의 이름에서 따왔다고 해요.

🇮🇹 왕이 없는 나라, 로마

역사적으로 보면 고대 로마는 기원전 8세기경 전후에 이탈리아의 작은 마을에서 출발했어요. 당시 이탈리아 반도에는 로마인과 에트루리아인 그리고 그리스인들이 세운 나라가 함께 있었다고 해요. 처음 힘이 약했던 로마는 한동안 왕이 다스리는 에트루리아인의 지배를 받았어요. 그러다가 힘을 기른 로마는 기원전 509년 에트루리아의 왕을 내쫓으면서 지배에서 벗어났어요. 이들의 지배에서 벗어난 로마인은 왕이 지배하는 국가를 싫어하게 되었어요. 그

늑대 젖을 먹는
로물루스와 레무스

로마를 세운 쌍둥이 형제

우리나라 건국 신화로 단군 신화가 있듯이 이탈리아도 고대 로마를 세운 건국 신화가 있어요. 고대 로마를 세운 사람은 로물루스와 레무스란 쌍둥이 형제였어요. 로마라는 이름도 이들 형제의 이름에서 온 것이라고 해요. 올림포스의 12신 중 전쟁의 신으로 마르스가 있었어요. 어느 날 마르스가 산책을 나갔다가 미모의 여인 레아 실비아에게 반해서 사랑을 나누게 되었어요. 그리고 쌍둥이 형제를 낳았는데 키울 수 없어 바구니에 담아 테베레 강에 버리게 되었어요. 이를 발견한 늑대가 쌍둥이를 강에서 구해서 키웠는데 이들이 나중에 자라서 로마를 세우게 되었다고 해요.

르네상스와 레오나르도 다빈치

르네상스는 이탈리아 말로 부활, 재생을 의미해요. 이 말에 담긴 의미는 신 중심의 중세 사회에 견디다 못한 사람들이 인간 중심의 생각이 지배했던 고대 그리스의 정신으로 돌아가자는 말이에요. 이탈리아를 중심으로 이 사상이 널리 호응을 얻으면서 당시 훌륭한 예술이 탄생할 수 있었어요. 레오나르도 다빈치도 바로 그 시절 사람이에요. 만약에 르네상스가 일어나지 않았다면 우리는 오늘날 레오나르도 다빈치의 모나리자를 만나지 못했을 수도 있어요.

래서 왕을 없애고 기원전 510년경 공화정이라는 제도로 나라를 이끌었어요. 공화정이란 왕 한 사람이 지배하는 제도가 아니라 왕이 없고 두 사람 이상이 공동으로 협의하여 나라를 다스리는 제도를 말해요. 그래서 귀족이 중심이 되어 평민도 참여하는 공화정으로 정치 체제를 이어 오던 로마는 점점 발전하였어요. 그리고 여러 나라를 식민지로 만들면서 유럽 최고의 국가로 발전해 갔어요. 당시 로마 제국은 지중해를 중심으로 중앙아시아, 아프리카, 스페인, 영국에 이르는 방대한 영토를 가진 최고의 선진국이었어요.

르네상스 예술의 중심지였던 이탈리아 피렌체 역사지구

🇮🇹 황제가 다스리는 나라, 로마

로마는 식민지 전쟁을 통해 점점 나라가 커 나가자 다스리는 방법에 한계를 느끼게 되었어요. 공화정만으로는 거대한 로마를 다스릴 수 없다는 생각이었어요. 특히 공화정 말기의 율리우스 카이사르는 식민지 전쟁을 통해 영국까지 지배할 정도로 영토를 엄청나게 넓혔어요. 그래서 율리우스 카이사르는 공화정을 없애고 한 사람이 나라를 다스리는 황제의 나라로 바꾸기를 원했어요. 하지만 반대하는 사람도 많았어요. 이때 율리우스 카이사르는 브루투스라는 사람에 의해 암살을 당해요. 하지만 그의 아들인 옥타비아누스가 권력을 잡으면서 로마는 기원전 27년 공화정에서 황제가 다스리는 제정으로 바뀌게 되었어요. 제정 초기의 로마 제국은 강력한 패권을 바탕으로 팍스 로마나로 불리는 태평성대를 구가하였어요. 팍스 로마나란 모든 평화는 힘이 센 로마에 의해서 결정된다는 말이에

팍스 로마나와 팍스 아메리카나

팍스 로마나란 '로마의 평화'라는 뜻으로 팍스는 라틴어로 평화란 뜻이에요. 팍스 로마나란 로마의 가장 평화스러운 시기를 말하기도 하지만 당시의 가장 강대국이었던 로마의 힘으로 평화가 유지되는 것을 말하기도 해요. 이 말에 빗대어 현대의 가장 강대국인 미국에 의해 평화가 유지되는 것 혹은 미국이 주도하는 세계 평화를 팍스 로마나에 빗대어 팍스 아메리카나라고 해요.

갈릴레오 갈릴레이의 실험이 있었던 피사의 사탑

미켈란젤로가 그린 시스티나 성당의 천장 벽화 〈천지창조〉

요. 이때 학문과 예술도 엄청 발달하여 고대 로마는 서구 세계의 법, 정치, 예술, 문학, 건축, 기술, 언어 분야의 발전에 크게 기여하였으며 그 영향은 오늘날까지도 이어지고 있어요.

로마 제국의 몰락

황제가 다스리는 나라로 전성기를 구가하던 로마도 점점 부패하고 타락하면서 서서히 쇠퇴하였어요. 마침내 330년 로마 제국은 이탈리아를 중심으로 스페인, 북아프리카를 포함하는 서로마 제국과 그리스와 동아시아를 포함하는 동로마 제국으로 나누어지고 말아요. 그리고 동로마 제국은 비잔틴 제국이라고 불리면서 전혀 다른 나라가 되어 15세기까지 살아남았어요. 하지만 이탈리아 반도를 중심으로 하는 진짜 로마라 할 수 있는 서로마 제국은 476년 게르만족에 의해 멸망당했어요. 서로마 제국이 멸망한 뒤 이탈리아 반도는 주인도 없는 상태에서 이 자리를 대신 차지한 게르만족들에 의한 혼란만 계속되었어요. 그래서 이탈리아 반도는 통일된 큰 나라가 들어서지 못하고 게르만 민족들이 세운 여러 도시 국가들만 난립했어요. 제노바 왕국, 베네치아 공화국, 토스카나 왕국, 나폴리 왕국 등 여러 도시 중심 국가가 들어서게 되

분수의 도시 로마에서 가장 유명한 트레비 분수

영웅 가리발디와 가리발디 셔츠

가리발디는 이탈리아 통일을 위해 노력한 국민 영웅이에요. 1807년에 태어난 가리발디는 1860년 붉은 셔츠 부대를 조직해 이탈리아 통일 전쟁에 공을 세웠어요. 그리고 가리발디 셔츠란 가리발디 부하들이 입었던 긴 소매와 깃 없는 셔츠에서 유래하여 만들어진 여성용 블라우스를 말해요. 1860년대 프랑스, 영국, 미국에서 즐겨 입었다고 해요.

었어요. 하지만 서로마 제국이라는 나라는 멸망했지만 로마를 중심으로 하는 로마의 교황은 그대로 권위를 지키고 있었어요. 그러다 보니 로마는 교황을 중심으로 한 그리스도교의 중심지로 남아 영향력을 키워 갔어요. 당시 종교의 영향력은 엄청나서 교황의 명분을 얻어야 유럽의 패권을 차지할 수 있을 정도였어요. 그래서 교황의 명분을 얻으면서 이탈리아 반도를 차지하기 위해 이탈리아를 둘러싼 쟁탈전이 계속 되었어요.

🇮🇹 이탈리아 통일

유럽 강대국의 각축장이 된 이탈리아는 통일 국가 없이 여러 나라로 쪼개져 19세기까지 오게 되었어요. 당시 유럽은 프랑스를 중심으로 하는 부르봉 왕가와 오스트리아를 중심으로 하는 합스부르크 왕가의 세력으로 나누어 치열하게 경쟁했어요. 이러다보니 힘없는 작은 나라들로 이루어진 이탈리아

가리발디

이탈리아 밀라노의 상징인 두오모 대성당

반도는 여전히 두 왕조의 끊임없는 세력 대결로 고통을 받아야 했어요. 특히 1805년 프랑스의 나폴레옹은 합스부르크 왕가의 오스트리아를 격파하고 이탈리아를 완전히 점령하고 말아요. 상황이 이 지경에까지 이르자 이탈리아 내부에서도 통일된 국가를 만들어야 외세로부터 스스로를 지켜낼 수 있다

이탈리아 관광 명소인 산 로렌초 성당과 피렌체 전경

는 커다란 자각이 일어났어요. 결국 이런 흐름이 대세가 되어 이탈리아 건국의 아버지로 추앙받는 가리발디에 의해 1870년 이탈리아는 이탈리아 왕국이란 이름으로 통일을 이루게 되었어요. 이렇게 해서 로마 제국 멸망 이후 무려 1400년 만에 이탈리아 반도는 첫 통일 국가를 가지게 되었어요.

무솔리니의 등장과 이탈리아 공화국

통일된 이탈리아 왕국을 세웠지만 원체 많은 나라가 하나로 통일 되다 보니 많은 내부 갈등을 겪게 되었어요. 특히 산업화된 북부와 농업 중심의 남부간의 경제·사회적 갈등은 지금도 계속되고 있어요. 이런 내부의 문제에도 불구하고 통일을 이룩한 이탈리아는 후발 주자이지만 다른 유럽 여러 나라와 마찬가지로 세계 식민지 경쟁에 뛰어들었고 또 뒤늦게 제1차 세계 대전에 참여하여 승전국이 되었어요. 그러나 승전국이 되었지만 별다른 혜택은 없고 전쟁 비용만 부담하게 되자 이탈리아 국민들의 불만은 하늘을 찌르게 되었어요. 이런 혼란을 비집고 무솔리니라는 사람이 등장하여 파시스트 독재 정권을 수립했어요.

무솔리니는 히틀러와 손잡고 1940년 제2차 세계 대전에 참여했다가 패하고 말아요. 전쟁에 패한 무솔리니는 1945년 스위스로 도망을 가다가 체포되어 처형되었어요. 전쟁이 끝나고

파시즘과 무솔리니

파시즘이란 이탈리아어 묶음을 뜻하는 파쇼(fascio)에서 나온 말로 '결속과 단결'의 뜻이 있어요. 무솔리니는 이탈리아의 총리 겸 파시스트당을 만들어 당수가 되었어요. 그리고 이탈리아를 파시즘의 상황으로 몰아넣었어요. 파시즘은 군대와 나라에 충성을 다하고 개인의 자유와 권리를 억압하고 국가가 더 중요하다는 주장과 주의에요. 그는 이런 주장을 관철하기 위해 군대와 경찰을 동원해 반대파를 제거하고 공포정치를 펼쳐요. 무솔리니는 1940년 독일과 함께 제2차 세계 대전을 일으켰으나 실패하고 죽음을 당했어요.

무솔리니와 히틀러

모든 걸 잃은 이탈리아 국민들은 국민 투표에 의해 왕정을 폐지하고 새로운 나라인 국민이 주인이 되는 공화국을 세웠어요. 그 나라가 바로 1948년 세워진 이탈리아 공화국이에요. 지금 로마 시대의 찬란했던 영광을 꿈꾸며 옛 영광의 재현을 위해 이탈리아는 열심히 노력하고 있어요.

고대 로마의 원형 경기장 콜로세움

오스트리아 이야기
[Austria]

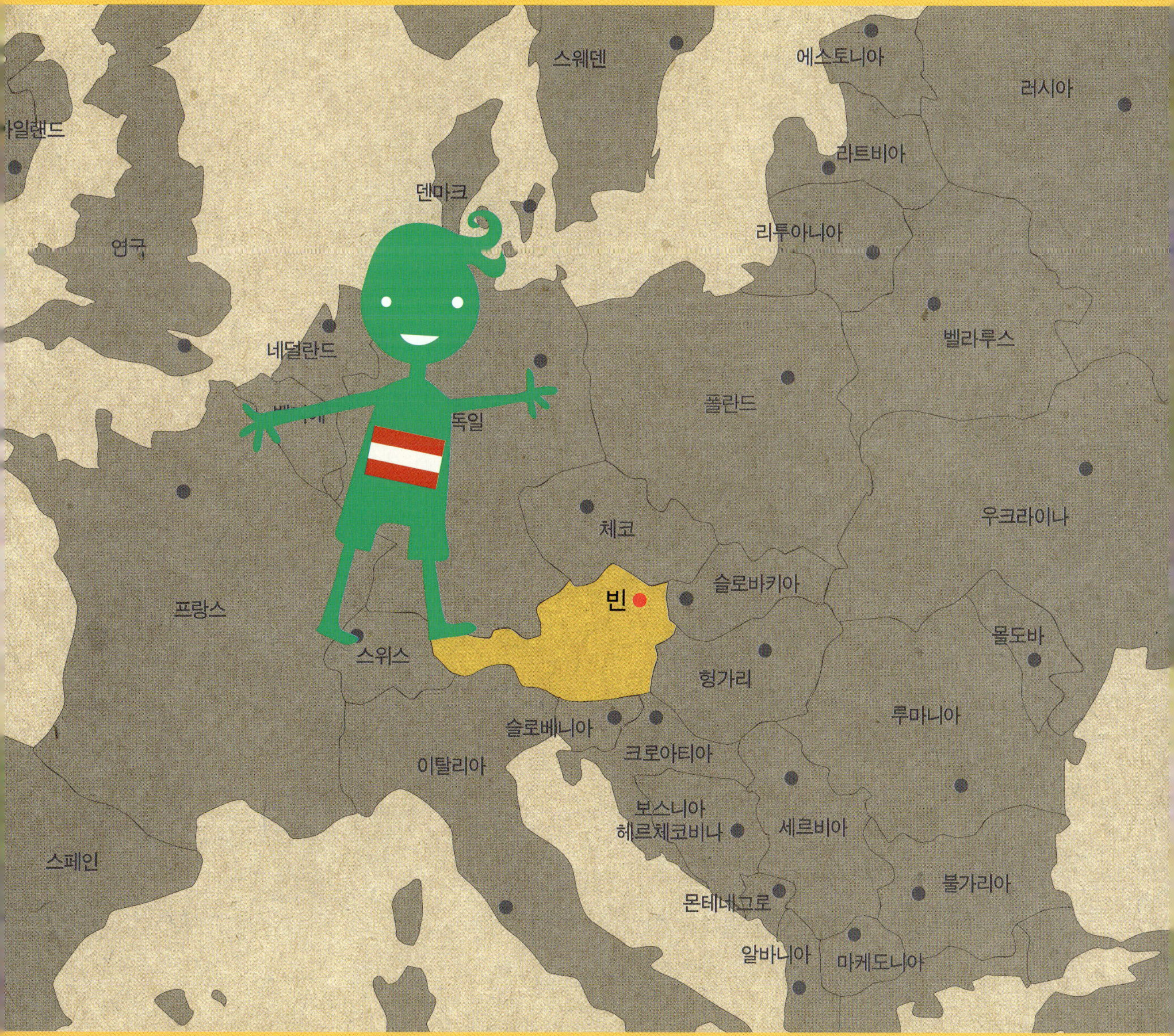

제국의 나라 음악의 나라

아름답고 푸른 도나우 강

오스트리아의 작곡가인 요한 슈트라우스의 왈츠곡 〈아름답고 푸른 도나우〉란 음악으로 우리에게 친숙한 도나우 강은 여러 나라에 걸쳐 있는 긴 강이에요. 독일, 루마니아, 오스트리아를 포함한 총 10개의 나라를 지나요. 많은 나라를 지나는 만큼 각 나라에서 부르는 이름도 여러 가지예요. 영어로는 다뉴브 강이라고 해요. 오스트리아 수도인 빈을 지나는 도나우 강은 동·서유럽에 걸쳐 있기 때문에 역사적으로 각 나라의 문화와 물자를 나르는 주요한 역할을 해 왔어요.

음악의 나라, 오스트리아로!

오스트리아는 전 국토의 4분의 3이 알프스 산맥이고 350킬로미터나 되는 긴 도나우 강이 서쪽에서 동쪽으로 가로지르고 있는 아름다운 나라예요. 오스트리아는 한때 유럽을 주름잡던 찬란한 제국이었지만 제1·2차 세계 대전을 거치면서 패전국이 되었고 합스부르크 왕가가 망하면서 이제는 작은 나라가 됐어요. 하지만 합스부르크 왕가가 지배하던 당시, 문화와 예술에 대한 적극적 지원 정책으로 오스트리아는 찬란한 문화 예술을 꽃피웠어요. 우리가 잘 알고 있는 교향곡의 아버지 하이든, 모차르트, 왈츠의 대가 요한 슈트라우스, 베토벤, 슈베르트 등 수많은 음악가들이 오스트리아

독일 남부에서 발원하여 흑해로 흘러드는 국제 하천 도나우 강

에서 태어났어요. 그러니 오스트리아를 음악의 나라라고 부르는 것은 지나친 표현이 아니에요. 오스트리아 제국의 영광을 간직한 수도 빈은 지금도 음악을 공부하러 전 세계에서 몰려온 사람들로 넘쳐나고 있어요.

◀ 수도 빈에 있는 오페라 극장
▶ 〈아름답고 푸른 도나우〉로 잘 알려진 요한 슈트라우스 기념비

10세기경에 나타난 오스트리아

오스트리아도 독일과 마찬가지로 게르만 민족이기 때문에 두 나라는 역사적으로 서로 얽히고설켜서 매우 복잡해요. 지금은 비록 오스트리아가 알프스에 있는 작은 나라이지만 한때는 여러 민족을 통합하여 지금의 10배도 넘는 큰 영토를 가진 오스트리아 제국이었어요. 오스트리아라는 나라 이름의 출발은 10세기 말경에 처음으로 나타나요. 476년 서로마 제국이 무너지고 유럽 전역을 게르만족이 장악하게 되었을 때 게르만 일파인 프랑크족은 9세기경 로마 지역을 비롯해 헝가리까지 장

마리아 테레지아 광장에 있는 자연사 박물관과 카를 대제 기마상

악했어요. 이때 지금의 오스트리아 지역을 중심으로 최초로 동쪽 나라라는 뜻의 '오스타리히'라는 왕국이 나타났어요. 이 왕국이 바로 오스트리아라는 나라의 출발이 되었어요.

오스트리아 제국과 합스부르크 왕족 집안

게르만의 프랑크족 중에서도 프랑스를 중심으로 권력을 장악한 가문은 부르봉 왕족 집안이었고 오스트리아를 중심으로 동유럽 지역의 권력을 장악한 가문은 합스부르크 왕족 집안이었어요.

오스트리아 이야기 | 105

카를 성당이 있는 빈 역사지구

　이 두 왕가는 당시 유럽 전체를 집어삼킬 만큼 힘을 가진 양대 세력이었고 이들은 서로 견제하고 대립하면서 왕가를 이어가고 있었어요. 오스트리아를 중심으로 하는 합스부르크 왕가는 무려 제1차 세계 대전 직후인 1918년까지 약 500년 동안 오스트리아 제국을 만들어 주도권을 행사했어요. 특히 오스트리아를 중심으로 하는 합스부르크 왕가가 유럽의 중심으로 떠오르게 된 결정적 계기는 1529년과 1683년 이슬람 세력인 오스만 제국의 침략을 물리치면서부터예요. 합스부르크 왕가는 1529년 이슬람 세력과의 전쟁에서 승리를 거두면서 이들로부터 유럽을 지켜내요. 이 승리를 바탕으로 합스부르크 왕가는 그 영향력을 유럽의 서쪽인 스페인과 네덜란드 영역까지 확장하였어요. 그리고 1683년 이슬람 세력이 다시 쳐들어왔을 때도 이들을 물리치면서 이제는 유럽의 동쪽인 지금의 헝가리, 루마니아 지역까지 영토를 확장했어요. 이로써 지금 영토의 10배가 넘는 오스트리아 제국을 건설하여 유럽 최강자로 떠올랐어요. 하지만 떵떵거리던 오스트리아의 합스부르크 왕가도 1806년 나폴레옹에 의해 패배를 당하면서 그 영화도 서서히 몰락의 길로 접어들었어요. 나폴레옹이 물러나고 나폴레옹에게 빼앗겼던 옛 영화를 다시 찾아와 영향력을 행사하려고 했지만 이미 세상은 예전과 같지 않았어요.

모차르트

몰락하는 오스트리아 제국

오스트리아의 힘이 예전같지 않게 약해지자 이 빈틈을 노리고 그동안 눌려 지냈던 이웃 나라들이 오스트리아에 반기를 들었어요. 특히 프로이센의 성장이 눈부셨어요. 프로이센의 지도자 비스마르크는 찢어진 독일을 하나로 뭉쳐 통일 국가를 형성하려 했어요. 그러자 오스트리아가 이를 저지하려

오스트리아의 전통 의상

오스트리아-헝가리 제국의 황태자 프란츠 페르디난트가 암살당한 사라예보의 다리

하면서 오스트리아와 프로이센 사이에 전쟁이 벌어졌어요. 이 전쟁에서 프로이센이 승리하자 프로이센의 승리를 지켜본 오스트리아 지배 아래에 있던 헝가리도 때를 놓치지 않고 반기를 들었어요. 이때 오스트리아는 타협책으로 1867년 오스트리아-헝가리 제국을 만들어 독립을 막아 보려고 했어요. 하지만 이 정책은 오히려 오스트리아의 지배 아래에 있던 여러 민족들이 너도나도 들고 일어나는 촉매제가 되고 말았어요. 오스트리아는 어쩔 수 없이 강경책으로 돌아서서 힘으로 독립운동을 누르려 했어요. 그래서 경찰과 군대를 동원하여 탄압하기

시작했고 오스트리아와 경쟁 관계에 있는 영국·프랑스·러시아 등은 이를 두고 보지 않고 오스트리아 내의 독립운동을 몰래 지원했어요.

🇦🇹 오스트리아가 일으킨 제1차 세계 대전

오스트리아는 오스트리아-헝가리 제국이 되었어요. 그리고 영국·프랑스 등은 오스트리아 내부에서 일어나는 독립운동에 음으로 양으로 개입하였고 오스트리아 문제는 점점 유럽 여러 나라의 이해관계가 얽힌 문제로 변해 갔어요. 한편 오스트리아-헝가리 제국 내의 민족 독립운동은 더욱 격렬하게 번져 갔어요. 1914년 오스트리아-헝가리 황태자가 오스트리아-헝가리 제국의 영토인 세르비아 정부의 사라예보를 방문하게 되었어요. 이때 오스트리아-헝가리 제국으로부터 독립을 원하는 세르비아 청년이 오스트리아-헝가리 황태자를 저격 암살하는 이른바 '사라예보 사건'이 터졌어요. 오스트리아-헝가

사라예보 사건과 제1차 세계 대전

사라예보 사건이란 1914년 6월 28일 오스트리아 황태자와 황태자비가 사라예보에서 2명의 세르비아 청년에게 암살된 사건이에요. 당시 사라예보는 지금과 달리 오스트리아에 합병된 보스니아의 중심 도시였어요. 이 암살 사건은 결국 제1차 세계 대전의 도화선이 되어 1914년 7월 28일 오스트리아가 세르비아에 선전 포고를 하며 시작되어 영국, 프랑스, 러시아가 한편을 이루었고 독일, 오스트리아가 한편을 이루어 제1차 세계 대전이 일어났어요.

리 제국은 이 암살 사건에 지역 정부인 세르비아 정부가 관련되었다고 판단하고 1914년 7월 28일에 세르비아에 선전 포고를 하였어요. 이에 이해관계가 얽힌 다른 나라들도 함께 전쟁에 참여함으로써 제1차 세계 대전이 일어났어요. 제1차 세계 대전은 독일·오스트리아·터키를 한편으로 하고 프랑스·영국 등을 다른 한편으로 하는 전쟁이 되었어요. 결국 제1차 세계 대전은 1918년 독일이 항복함으로써 막을 내렸어요. 그 결과 수백 년 이어온 합스부르크 왕가는 몰락을 했고 오스트리아-헝가리 제국도 산산이 찢어지고 말았어요. 이어서 모든 민족 국가들이 오스트리아로부터 독립을 하자 오스트리아는 대제국에서 오늘날의 조그만 영토만 남은 작은 나라가 되고 말았어요.

알프스와 몽블랑 만년필

알프스는 높이 4,807미터의 최고봉 몽블랑이 있는 산맥이에요. 유럽의 중남부 쪽에서 스위스, 프랑스, 이탈리아, 오스트리아에 걸쳐 있어요, 알프스는 '희고 높은 산'이라는 의미가 담겨 있는데 유럽의 큰 강들인 라인 강, 론 강, 도나우 강 등이 모두 알프스에서부터 시작해요. 그리고 몽블랑은 독일에 있는 유명한 필기구 회사 이름이기도 해요. 그중에 몽블랑 만년필은 수공으로 만들며 펜촉은 18캐럿의 금을 사용해요.

알프스의 작은 나라, 오스트리아

제1차 세계 대전 후 오스트리아 제국이 몰락하고 조그만 영

세계문화유산으로 지정된 잘츠부르크 역사지구

토만 남은 오스트리아의 혼란은 이루 말할 수 없었는데 이번에는 1938년 히틀러에 의해 독일에 강제 합병되고 말았어요. 그리고 제2차 세계 대전이 일어나자 독일과 함께 원치 않는 전쟁에 참여했고 독일이 전쟁에서 패하자 오스트리아도 덩달아 패전국이 되었어요. 그 결과 이제는 조그마한 나라마저 영국·프랑스·미국·러시아 4개국에 의해 분할 점령되고 말았어요. 그리고 독일은 동독과 서독으로 나라가 쪼개지고 말았어요. 오스트리아도 독일처럼 강대국에 의해 나라가 쪼개져 분단될 위기에 처하자 끈질기게 협상을 벌여 어느 나라 편도 들지 않는 중립국이라는 명분을 확보하였어요. 그래서 오스트리아를

오스트리아 이야기 | 111

세계문화유산으로 지정된 쇤브룬 궁전

점령하였던 4개국은 철수하였고 비로소 1955년 알프스의 조그만 중립 공화국으로 옛 영화를 뒤로하고 다시 탄생하게 되었어요. 그 후 어느 나라 편도 들지 않는 중립국을 쭉 유지해 오다가 1990년대 공산권이 무너져 중립의 이유가 없어지자 1997년 오스트리아는 EU(유럽공동체)에 가입하여 오늘날에 이르고 있어요.

[Greece]

그리스 이야기

신화의 현재 진행형

🇬🇷 세계 10대 관광 대국의 나라 그리스

우리에게 그리스는 그리스 신화로 더 잘 알려진 나라예요. 지금도 그리스는 위대한 고대 그리스의 유적 때문에 수많은 관광객이 몰려드는 세계 10대 관광 대국이에요. 그리스는 산과 수많은 섬으로 이루어진 지형적 특색 때문에 각 지역 간의 교류가 쉽지 않았어요. 그래서 고대에는 각 지역별로 폴리스라는 도시 국가가 생겨나 독자적인 생활을 했어요. 폴리스라는 도시 하나하나가 독립적인 주권을 가진 독립 국가나 마찬가지였어요. 각 폴리스들은 저마다의 이름이 있는데 아테네, 스파르타, 테베, 코린트, 이오니아들이 대표적인 폴리스였어요. 그중에서 아테네는 평등을 기초로 전

높은 곳에 있다고 아크로폴리스

그리스 말로 아크로폴리스는 높은 곳의 폴리스란 뜻이에요. 고대 그리스에는 도시 국가인 폴리스마다 아크로폴리스가 있었다고 해요. 아크로폴리스는 외부의 침략을 막는 역할도 했고 또한 신전을 지어 신앙의 중심지가 되는 곳이기도 해요. 지금은 우리가 보통 아크로폴리스라고 하면 그리스의 아테네에 있는 아크로폴리스를 가리켜요. 아테네의 아크로폴리스는 1987년 세계문화유산으로 지정되었어요.

그리스 도시 국가의 중심지에 있는 언덕, 아크로폴리스

시민이 광장에 모여 나라 일을 결정했는데 이것이 바로 민주주의의 시초예요. 폴리스의 중심부에는 아크로폴리스라는 높은 언덕이 있고 그 언덕 위에는 폴리스의 수호신을 모신 신전이 자리 잡았어요.

아크로폴리스 기둥

올림포스 산과 12신

올림포스 산은 높이 2,917미터로 그리스에서 가장 높은 산이에요. 그리스 사람들은 자신들 나라에 있는 가장 높은 산에 신들이 산다고 생각했어요. 그리고 12신은 그리스 신화에서 올림포스 산에 사는 신 중 대표적인 12신을 말해요. 신들의 왕 제우스와 그의 아내 헤라, 불과 대장장이의 신 헤파이스토스, 지혜와 전쟁의 여신 아테나, 바다의 신 포세이돈, 태양의 신 아폴론, 달과 사냥의 여신 아르테미스, 사랑과 아름다움의 여신 아프로디테, 싸움의 신 아레스, 전령의 신 헤르메스, 대지와 곡물의 여신 데메테르, 술의 신 디오니소스(또는 불의 여신 헤스티아)가 있어요.

🇬🇷 200개가 넘는 나라, 그러나 하나의 그리스

폴리스 언덕 아래에는 아고라, 즉 광장이 있었는데 그곳에서는 시장이 열리거나 시민들이 모여 폴리스의 중요한 일들을 결정했어요. 이런 폴리스들이 200여 개 모여 이룬 나라가 바로 그리스예요. 그리스는 험한 산지로 이루어지다 보니 포도나 올리브를 가꾸기에는 적합했지만 곡물 농사를 짓기는 어려웠어요. 그래서 식료품을 수입하기 위해 항해술이 발달하게 되었고 이로 인해 그리스는 지중해 연안 새로운 땅에 많은 식민 도시를 건설했어요. 그리스는 식민 도시까지 합치면 폴리스의 수는 무려 1,000여 개가 넘을 정도였어요.

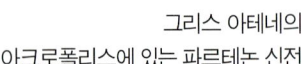
그리스 아테네의
아크로폴리스에 있는 파르테논 신전

올림픽 경기와 관련된 건물, 제단 등 고대 건축물이 남아 있는 올림피아 유적지

 폴리스들은 독립적인 주권을 누리면서도 한편으로는 하나의 공동체라는 생각을 갖고 있었어요. 그 생각의 바탕에는 제우스를 비롯한 올림포스 산의 12신에 대한 신앙이 깔려 있었어요. 그래서 4년에 한 번씩 제우스의 신전이 있는 올림피아에 모여 축제를 벌였어요. 축제 행사 중 하나로 각 폴리스 대표들이 나와 체육 대회를 했는데 이것이 바로 국제 올림픽 대회의 기원이에요. 각종 신을 섬기던 그리스의 모든 폴리스는 올

아폴로 신탁이 내려지는 신전이 있던 델포이 고대 유적지

림픽 대회 중에는 전쟁도 휴전하고 신전에 제사를 올리면서 그리스인의 단합과 통일된 모습을 보여 주었어요.

그리스에서 퍼져 나온 그리스 신화는 그리스인들이 믿는 신들의 이야기이에요. 우리나라에는 단군 신화가 있듯이 그리스에는 그리스 신화가 있는 것이지요. 이처럼 모든 나라들이 자신들의 신화를 가지고 있지만 유독 그리스 신화가 전 세계적으로 오랫동안 사랑받고 있는 것은 신들의 모습이 어찌보면 인간 모습 그대로를 담고 있기 때문이에요. 인간과 비슷한 감정과 결점을 가진 신의 모습에는 고대 그리스의 인간 중심적 사상이 그대로 반영되어 있어요. 그리스 신화는 서양 문학의 기원으로 불리며 오늘날까지 여러 분야에 아주 큰 영향을 미치고 있어요.

🇬🇷 고대 그리스의 아테네와 스파르타

고대 아테네와 스파르타는 폴리스 중에서 가장 강하고 중심이 되는 도시 국가였어요. 그런데 아테네와 스파르타는 여러 면에서 서로 다른 폴리스였어요. 우선 아테네는 직접 민주주의 정치를 하는 것으로 유명했어요. 직접 민주주의 정치란 시민이 정치에 직접 참여한다는 뜻이에요. 폴리스의 중요한 일들은 18세 이상의 아테네 시민들이 모두 민회에 모여 결정을 했어요. 민회에 참석한 시민은 누구나 자기 생각을 밝히고 투표할 수 있었어요. 관리는 시민 가운데서 뽑았는데 임기는 1년이고 한 번밖에 할 수 없었기 때문에 시민 누구에게나 골고루 기회가 돌아갔어요.

그러나 아테나의 민주 정치를 오늘날의 민주 정치와 똑같이 생각하면 곤란해요. 아테네의 시민은 부모가 모두 아테네 출신인 성인 남자만을 의미하는 것으로 여자와 외국인과 노예는 시민이 아니었어요. 그래서 시민이 정치를 하는 동안 시민이 아닌 사람들은 일을 해야 했어요. 시민의 수는 전체 인구의 약 10퍼센트 정도였어요. 한마디로 말하면 아테네 민주주의는 소수의 시민만 참여할 수 있는 제한된 민주주의였어요. 하지만 이 시기에는 전 세계가 왕이나 귀족의 통치 아래에 있었는데 시민이 직접 정치에 참여한다는 발상 자체만으로도 엄청난 것이었어요.

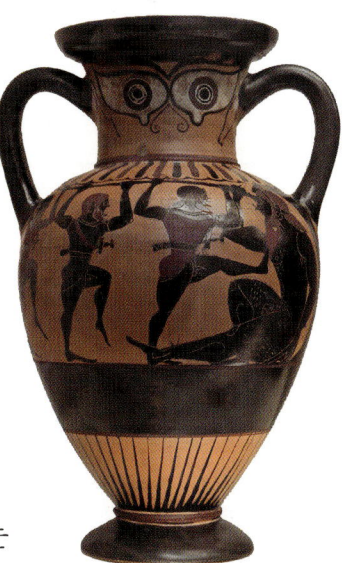

고대 그리스의 꽃병

국제 올림픽 대회를 창설한 프랑스의 쿠베르탱

올림픽과 마라톤의 유래

올림픽은 그리스의 올림피아라는 마을의 이름에서 나온 것으로 올림피아에서 하는 경기라는 뜻이에요. 고대 그리스인들은 제우스를 기리기 위해 4년마다 솜씨를 겨루는 대회를 열었다고 해요. 오늘날의 올림픽도 이 전통을 이어받아 4년에 한 번씩 열리며 올림픽의 대표 경기 중 하나인 마라톤은 그리스와 페르시아가 마라톤 지역에서 전투를 벌였는데 그리스가 승리하자 이 기쁨을 알리기 위해 병사가 40킬로미터를 달려서 '우리가 이겼노라'는 기쁨을 전하고 쓰러져 죽은 데서 마라톤 경주가 유래되었다고 해요.

아테네가 제한적이지만 민주 정치를 한 데 비해 스파르타는 귀족 정치에 가까웠어요. 또한 상공업이 아테네의 주요 산업이었다면 스파르타는 농업이 중심 산업이었어요. 또 아테네는 개인의 집에서 일하는 개인 소유의 노예가 많았지만 스파르타는 나라에서 운영하는 농장에서 일하던 노예가 많았어요. 무엇보다 스파르타가 아테네와 가장 비교가 되는 것은 스파르타만의 아주 독특하고 엄격한 체제와 생활 방식이었어요. 오늘날까지 엄격하고 혹독한 훈련 방식을 스파르타 훈련이라고 할 만큼 스파르타의 훈련은 혹독했어요. 스파르타는 남자 아이가 태어나면 건강한 아이는 살리고 몸이 약한 아이들은 버려두어 죽게 했어요. 그리고 아이가 일곱 살이 되면 무조건 부모 곁을 떠나 군사 양성소에 들어가 혹독한 훈련을 받아야 했어요. 추위와 더위 견디기, 오랫동안 먹지 않고 버티기, 폴리스를 위해서라면 언제든 목숨을 바칠 수 있는

고대 그리스군 병사의 일화에서 유래된 42.195킬로미터를 달리는 육상 경기 마라톤

애국심과 강인한 정신력 기르기 등등의 교육은 서른 살까지 계속되었고 그 후엔 전사가 되어 나라에 봉사했어요. 남자뿐만 아니라 시민의 아내가 될 여자아이들도 엄격한 교육을 받았어요. 강철 같은 정신과 건강한 몸을 가진 어머니가 되어 튼튼한 아이를 낳아 폴리스에 전사로 바치는 것이 이들의 임무였기 때문이에요.

🇬🇷 그리스와 페르시아 전쟁

그리스가 아테네와 스파르타를 중심으로 한창 번창하고 있을 무렵, 이란을 중심으로 동방에 대제국을 건설한 페르시아가 그리스의 식민 도시까지 넘보기 시작했어요. 이에 그리스 식민 도시들은 폴리스의 지원을 받아 페르시아에 대항했지만 당해 내지 못했어요. 페르시아는 기원전 492년부터 기원전 448년까지 그리스 본토를 세 차례에 걸쳐 침략하게 되는데 이를 '페르시아 전쟁'이라고 해요. 페르시아의 1차 원정은 아테네 근처에서 폭풍우 때문에 함대가 난파되어 실패했고 2차 원정은 아테네 북쪽의 마라톤 평야에서 싸움을 벌였는데 아테네의 군사력은 페르시아의 군사력에 비해 터무니없이 약했지만 아테네의 유명한 정치가 테미스토클레스의 활약으로 병사들

영화에 나온 트로이 목마

의 사기가 드높아졌어요.

당시 테미스토클레스는 아테네의 군사들에게 이렇게 호소했어요.

"아테네를 자유의 도시로 지킬 것인가? 페르시아의 노예로 살 것인가?"

결국 아테네 병사들은 마라톤 전투를 승리로 이끌었고 이 소식을 알리기 위해 약 40킬로미터를 달려온 한 병사는 아테네의 승리를 알리고 죽었다고 해요. 그리스는 이 병사를 추모하고 승리를 기념하기 위해 마라톤 경기를 시작했어요. 그 후 페르시아는 30만 대군을 이끌고 3차 원정을 오는데 이에 아테네와 스파르타가 동맹을 맺어 대항했어요. 처음에 페르시아는 동맹군을 무찌르고 아테네를 불바다로 만들었지만 아테네 해군에게 크게 패하고 말았어요.

페르시아 전쟁 이후 그리스의 도시 국가는 아테네와 스파르타 양쪽 세력으로 나뉘어 서로를 견제하게 되었어요. 그리스를 중심으로 여러 도시 국가가 서로 동맹을 이룬 것이 델로스 동맹이고 이에 맞서 스파르타를 중심으로 여러 도시 국가들이

트로이 전쟁과 슐리만

독일에서 태어난 하인리히 슐리만은 그리스 신화 속 트로이 전쟁을 밝히는 것이 평생 소원이었어요. 그는 어린 시절 아버지가 사다 준 트로이 전쟁에 관한 책을 읽고 트로이 전쟁이 사실이라고 믿었어요. 그래서 슐리만은 1868년부터 호메로스가 쓴 『일리아스』에 관련된 유적들을 찾아다니기 시작했어요. 20여 년간 유적을 찾아나서던 슐리만은 드디어 트로이 전쟁에 관한 유적들을 발굴해 내서 세상 사람들을 깜짝 놀라게 했어요.

맺은 동맹이 펠로폰네소스 동맹이에요. 두 동맹은 오랜 시간 으르렁거리다 결국 펠로폰네소스 전쟁으로 이어졌어요. 두 동맹 간의 오랜 전쟁은 고대 그리스 힘의 약화로 이어졌고 결국 알렉산드로스 대왕의 마케도니아 왕국에 의해 정복당하고 말았어요.

오스만 제국과의 독립 전쟁

알렉산드로스 대왕에 의해 기원전 323년 스파르타가 멸망당하고 마케도니아의 식민지가 되면서 폴리스로 이루어졌던 고대 그리스는 막을 내리게 되었어요. 알렉산드로스에 의해 건설된 마케도니아 제국은 당시 그리스, 페르시아, 인도에 이르는 대제국이었어요. 이때 알렉산드로스의 정복 전쟁으로 인해 새로운 문화가 만들어졌어요. 우리는 이 문화를 헬레니즘 문화라고 불러요. 이후 그리스는 다시 새로운 강자 로마에 의해 기원전 146년 로마의 식민지가 되었어요. 그리스를 식민지로 만든 로마는 그리스의 선진 문화에 놀라면서 많은 문화를 수입하고 그리스 문화를 따라 배우게 되었어요.

고대 그리스 투구

높은 산과 바위 지형으로 유명한 그리스 테살리아에 있는 수도원

그렇게 문화를 수입해 쓰다 보니 신화도 그리스로마 신화가 된 것이에요. 로마의 지배 아래에 들어간 그리스는 로마가 서로마 제국과 동로마 제국으로 나누어질 때 동로마 제국의 중심지가 되었어요. 그리고 서로마는 5세기에 멸망했지만 동로마 제국은 1453년 이슬람 세력인 오스만 제국에 멸망당할 때까지 계속되었어요.

그리스는 이슬람 세력인 오스만 제국의 지배 아래로 들어

사금파리와 민주주의, 도편 추방

도편이란 도자기의 조각을 말해요. 도자기의 조각을 순우리말로는 사금파리라고 하지요. 민주 정치가 이루어지던 고대 그리스에서는 조금 특별한 투표가 이뤄졌어요. 바로 나라에 해가 되는 인물을 뽑는 투표였어요. 투표할 수 있는 시민이 모여 사금파리에 나라에 해가 되는 사람을 적어 내는 비밀 투표였어요. 이 투표에서 6,000표 이상 받은 사람은 나라에 해가 되는 사람이라며 나라 밖으로 10년간 쫓아냈어요. 이 제도는 그 당시로는 독재자를 방지하기 위해서 만든 법으로 민주 정치를 위한 것이기도 했지요. 이렇게 사금파리에 적힌 사람을 쫓아내는 법을 도편 추방법이라고 해요.

가면서 무려 1829년까지 혹독하게 시달려야 했어요. 결국 종교적으로도 이슬람과 다른 그리스는 마침내 독립운동의 깃발을 들었어요. 오스만 제국의 힘이 약해진 틈을 타서 1821년 8년에 걸친 독립 전쟁을 벌였어요. 이 전쟁이 종교적 성격도 띠었기에 유럽의 그리스도 국가들이 모두 그리스 독립 전쟁을 지원하게 되었어요. 이때 영국의 천재 시인 바이런도 이 독립운동에 참여하였어요. 전쟁은 그리스의 승리로 끝나면서 1829년 400년 만에 그리스는 독립 국가로 탄생했어요.

오늘날의 그리스가 되기까지

그리스는 옛 동로마 제국의 영토를 확보한다는 명분으로 이제는 터키가 된 옛 오스만 제국과 1919년부터 2년간에 걸친 전쟁을 벌이게 되었어요. 하지만 터키의 영웅 케말 파샤에 의해 전쟁은 실패하고 그리스는 에게 해에 있는 섬들

아테네의 그리스 의회

을 차지하는 것으로 만족했어요. 전쟁이 마무리되자 그리스는 국가 건설을 둘러싸고 내분에 휩싸였어요. 이 내분은 서로의 입장 차이에 따라 엎치락뒤치락을 계속하다가 1967년 4월 군사 쿠데타가 일어나면서 찬란한 문화 국가 그리스는 고문과 학살이 자행되는 독재 국가로 전락하고 말았어요. 독재 정치는 1974년까지 계속되었고 이 독재 정권은 영토 분쟁 때문에 터키와의 전쟁을 시도하다가 내분으로 몰락하고 말았어요. 이후

오늘날의 투표 용지처럼 사용된 도편

그리스는 선거에 의해 민주공화국을 세움으로써 오늘날의 국가가 탄생하였고 고대 그리스의 찬란한 문화를 바탕으로 열심히 전진하고 있어요.

우리는 그리스 군인의 묘를 지키는 호위대!

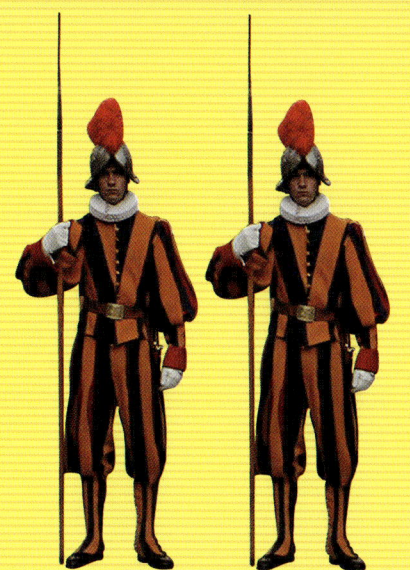

[Switzerland]

스위스 이야기

요들송과 알프스의 나라

🇨🇭 요들송과 알프스의 나라

유럽 중앙에 위치한 스위스는 눈 덮인 알프스 산맥과 요들송으로 우리에게 많이 알려져 있고 우리나라 사람들이 가장 가 보고 싶어 하는 나라 중 하나예요. 원래 요들은 산악 지대에서 일정 거리 이상 떨어져 있는 사람들과 의사소통하는 수단이었다가 창법이 되었어요.

특히 스위스는 알프스를 빼고는 이야기 할 수 없는 나라로 세계 명작 『알프스 소녀 하이디』로 더 유명해졌어요. 알프스는 '희고 높은 산'이라는 뜻이에요. 알프스 산맥은 눈으로 덮인 아름다운 봉우리와 빙하로 만들어진 호수, 가파른 암벽, 드넓은 초원이 어우러져 세계적인 관광지가 되었어요. 그 크기도 얼마나 어마어마한지 프랑스, 스위스, 오스트리아, 이탈리아에 걸쳐 있어 유럽의 지붕이라 불리어요.

알프스 산맥에 맨 처음 자리 잡은 민족은 북서 지방에

융프라우 지역의 전통 워낭

알프스 산맥의 융프라우 산

서 이주해 온 헬비티족이에요. 그리고 나중에 다시 레토족이 합류했어요. 원래 헬비티족은 기원전 58년경 프랑스 쪽으로 내려가려고 했지만 율리우스 카이사르의 로마 군대를 만나 더 내려가지 못하고 지금의 스위스 지역에 자리를 잡았어요. 하지만 알프스 산맥이 여러 나라에 걸쳐져 있는데도 알프스하면 스위스가 먼저 떠오르는 것은 스위스의 국토 절반 이상이 알프스 산맥으로 이루어져 있고 역사적으로 알프스 산맥의 영향을 가장 많이 받은 나라가 바로 스위스이기 때문이에요.

명사수 빌헬름 텔과 사과

빌헬름 텔은 스위스가 오스트리아의 지배를 받을 때를 배경으로 하는 당시 전설적 영웅이에요. 오스트리아 성주의 횡포가 얼마나 심했는지 성주는 자신의 모자를 나무에 걸어 놓고 절을 하면 통과시켜 주고 그렇지 않으면 지나가지 못하게 했어요. 빌헬름 텔도 여기를 지나가다 똑같은 일을 당했어요. 하지만 빌헬름 텔이 이를 거부하자 병사를 동원해 빌헬름 텔을 협박하면서 빌헬름 텔의 아들 머리 위에 사과를 올려놓고 이를 쏘아 맞추도록 했어요. 빌헬름 텔은 훌륭한 솜씨로 아들 머리 위의 사과를 쏘아 맞추지만 체포되어 끌려가요. 하지만 나중에 탈출하여 성주와의 싸움을 시작해요. 독일의 극작가 실러는 1804년 빌헬름 텔을 희곡으로 만들었어요.

남유럽과 북유럽을 잇는 통로 스위스

알프스 산맥은 이탈리아와 독일을 연결하는 길이며 남유럽과 북유럽을 잇는 통로였기 때문에 2천 년 전 로마인들은 알프스 북쪽 지역을 지배하기 위해 알프스에 길을 만들었어요. 그 이후에도 한니발과 나폴레옹의 군사 등 유럽을 지배하고자 한 세력들은 로마인들이 만든 알프스 길을 오가며 유럽을 정복했어요. 척박한 땅과 험악한 산악이라는 지리적 조건 때문에 스위스 지역은 하나의 세력으로 모아지지 않고 여러 산악 마을들이 각기 흩어져 독자적인 삶을 누리고 있었어요.

중세에는 프랑크 왕국과 신성 로마 제국의 일부가 되어 황제가 직접 관할했으나 제후의 세력이 크고 황제의 힘이 약했기 때문에 스위스 지역은 독자성을 지키고 자주정신이 강했어요.

그런데 강한 제국을 꿈꾸었던 오스트리

스위스 전통 악기인 알펜호른

아의 합스부르크 왕가가 알프스 중앙 지역까지 세력을 넓혀 자신들을 억압하자 이에 시달리던 여러 주들이 서로 동맹을 맺어 이에 맞섰어요. 이것이 바로 오늘날 스위스 연방의 시작이에요. 스위스 동맹군들은 험준한 산악 지역에 살다 보니 늘 단련되어 있어서 프랑스·헝가리·로마 교황청 등에서 돈을 받고 대신 싸워 주는 용병으로 많은 활약을 하던 터라 합스부르크 대군마저도 물리칠 수 있었어요. 그 후 스위스 동맹국들은 더욱 늘어났고 마침내 신성 로마 제국의 황제 막시밀리안의 군대와 싸워 승리를 거두며 사실상 독립을 얻었어요.

🇨🇭 히틀러를 막아 낸 스위스

스위스 연방은 지리적으로 유럽 교통의 중심지였기 때문에 유럽의 정복자들은 늘 스위스를 통하지 않을 수 없었어요. 하지만 험준한 산으로 둘러싸여 있기 때문에 쉽사리 침입을 하기도 어려웠고 실제로 알프스 산맥 덕분에 스위스는 유럽 여러 나라의 침입과 세계 대전을 피할 수 있었어요. 제2차 세계 대전 당시 히틀러는 유럽을 점령하기 위해 유럽의 중심지인 알프스의 통로를 얻어야 했어요. 그래서 히틀러는 알프스의 통로였던 중립국 스위스를 침략할 계획을 세워요. 이때 히틀러가 알프스 길을 욕심낸다는 것을 알아챈 스위스의 앙리 기상 장군은 히틀러에 강하게 맞서기 위해 일반 시민을 포함한 스위스 전투 병력을 총동원하여 국경 지대에 배치한 채 히틀러에게 최후통첩을 보냈어요. 만약 나치가 스위스로 쳐들어온다면 이탈리아로 통하는 알프스 산맥의 모든 터널과 도로를 폭파시키겠다고 선언했어요. 알프스의 통로가 없이는 스위스는 아무런 소용이 없었기 때문에 히틀러는 스위스 침공을 포기하였어요. 결국 스위스는 모든 유럽이 전쟁의 소용돌이에 휘말릴 때 알프스 산맥이라는

아이들을 잡아먹는
스위스의 전설 속 괴물

든든한 배경 덕분에 전쟁의 위협에서 벗어날 수 있었어요.

➕ 영구 중립국 스위스

영구 중립국이란 어떤 나라도 침략할 마음이 없으며 만약 전쟁이 일어난다면 어느 쪽도 편들지 않고 평화를 지키겠다는 뜻이기에 영구 중립국은 공격하지 않는 것이 원칙이에요. 하지만 영구 중립국을 선언한다고 다 평화를 얻을 수 있는 것은 아니에요. 자신을 지킬 수 있는 힘과 세계로부터 중립국으로서 인정 받아야 가능한 일이에요. 그런데 스위스는 어떻게 영구 중립국으로 세계의 인정을 받고 수백 년 동안 중립국으로서의 위상을 지켜낼 수 있었을까요?

스위스는 신성 로마 제국으로부터 독립을 얻은 후 영토를 확장하기 위해 프랑스와 맞서 싸우지만 패하고 말아요. 그 후 더 이상 강대국과 싸워서는 얻을 게 없음을 깨닫고 중립을 선포했어요. 중립국이지만 스위스의 병사들은 워낙 용맹하기로 소문이 자자하여 여러 강대국에서 스위스 병사들을 용병으로 쓰고자 했어요. 그래서 스위스는 오랜 세월 여러 강대국에 용병을 파견하게 되었어요. 이런 역사적 이유로 1789년 프랑스 시

대단한 스위스 용병

용병이란 고용된 병사란 뜻으로 돈을 받고 직업군인이 된 사람을 말해요. 하지만 자신의 나라를 지키기 위해 돈을 받으면서 직업군인이 된 사람을 말하는 직업군인과는 구별이 되었어요. 그래서 용병이라고 하면 자신의 나라를 지키기 위해 다른 나라 사람을 돈을 주고 군인으로 데려오는 경우를 말하는 것이 일반적이에요. 스위스는 80퍼센트가 산으로 뒤덮여 있다 보니 먹고 살기가 힘들었어요. 그러다 보니 이웃 나라의 용병이 되어 먹고 사는 경우가 많았는데 특히 스위스 용병은 그 충성심과 전투력이 대단해서 인기가 많았다고 해요. 프랑스 대혁명이 일어날 때 궁전을 지킨 것도 스위스 용병이고 지금도 로마 바티칸과 교황의 경비를 맡고 있는 병사들은 스위스의 용병이라고 해요.

민들이 부패한 프랑스 왕정을 무너뜨린 프랑스 대혁명 당시에 스위스인들은 프랑스 왕정의 용병으로 파견되어 시민군과 싸워야 했고 수많은 스위스 용병들이 숨졌어요.

16세기에는 유럽 전체가 로마의 가톨릭에 반대하는 신교와 그것을 막으려는 구교의 싸움에 휘말리게 되었어요. 스위스도 처음에는 신·구교의 갈등으로 내전을 겪지만 결국 각 주마다 종교의 자유를 인정하기로 협약을 맺어 평화를 유지했어요. 하지만 유럽 전체는 신교와 구교 세력이 국가별로 연합해 30년 동안 싸웠고 스위스는 중립을 주장하며 강력한 군대로 국경 지대를 지켰어요. 그 후 30년 동안의 종교 전쟁이 끝나자 베스트팔렌 강화 회담에서 스위스는 신성 로마 제국으로부터 독립을 공식적으로 인정받았을 뿐 아니라 국제적으로도 중립국으로 인정을 받았어요.

바티칸을 지키며 교황의 경호를 맡고 있는 스위스 용병

➕ 나폴레옹의 침입과 통일 헌법

1798년 나폴레옹은 이탈리아를 치기 위해 그 통로인 스위스를 침공해 스위스 동맹을 해체시키고 헬베티아 공화국을 선포하였어요. 그 후 나폴레옹이 몰락하자 스위스는 다시 한 번 중립을 선언하였어요. 이때 스위스는 나폴레옹의 침입 당시 동맹국이라는 한계로 인해 제대로 위기에 대응하지 못한 경험 때문에 동맹 관계 이상의 스위스 연방 정부의 필요성을 느꼈어요.

수많은 찬반 논쟁 끝에 스위스는 1848년 통일 헌법을 제정하고 26개의 작은 동맹 국가였던 스위스가 비로소 하나의 나라로 모습을 갖추게 되었어요. 이후 두 차례의 세계 대전에서도 굳건히 중립을 지켰고 이를 통해 경제적 발전을 이룩할 수 있었어요. 제2차 세계 대전 이후에는 미국과 소련을 중심으로 전 세계가 대립할 때 중립국이라는 이점 때문에 많은 국제적인 회의나 국제기구들이 스위스에 설립되었어요. 스위스는 중립국으로서 전쟁에 참가하지는 않았지만 전쟁으로 인해 고통 받는 많은 사람들을 돕는 일에는 적극적으로 앞장섰어요. 세계적으로 유명한 국제 적십자사는 바로 1863년 스위스의 앙리 뒤낭이 설립한 대표적인 국제기구이에요.

중립국으로서의 위상을 지키기 위한 스위스의 피나는 노력에는 스위스의 민병 제도를 빼놓고 이야기 할 수 없어요. 중립을 선언하더라도 자국을 지킬 수 있는 강한 힘이 있어야 하기 때문이에요. 그것을 잘 설명해 주는 것이 바로 스위스의 민병 제도예요. 스위스의 민병 제도는 모든 국민이 비상시에는 군인이 된다는 뜻이에요. 실제로 스위스에서 직업군인은 3천5백 명에 불과 하지만 전쟁이 일어나면 평소에는 선생님 · 농부 · 은행원으로 일하던 19~30세 사이의 모든 남

스위스 전통 의상

1983년 유네스코 세계문화유산으로 지정된 베른 구시가지와 아레 강

자들이 군인이 되어 나가 싸워요. 그래서 국가의 부름에 즉각 나가 싸울 수 있도록 옷장에는 항상 군복과 방 한쪽에는 실탄과 총을 보관해 두어요. 대부분의 스위스인들은 조국의 전통이기도 한 민병 제도에 자부심을 가지고 있으며 이 덕분에 스위스는 중립국으로 스스로를 지킬 수 있어요.

스위스 국장

알프스 산맥을 여행하는 스위스 관광 열차

➕ 7명이 돌아가면서 하는 대통령

　스위스는 험준한 산악 지대라는 특징 때문에 국가 단위보다는 마을 중심으로 운영되는 소규모 정치가 발달하였어요. 이런 특징이 오랜 역사를 통해 이어져 내려와 스위스는 대외적으로는 스위스라는 나라로 불리지만 실제로는 26개의 독립 국가(칸톤이라 불리는 주)들의 집합체예요. 칸톤이라 불리는 각 주는 경제, 행정, 사법 등의 자주권을 지니며 연방 정부와 무관하게 독립을 유지해요. 그리고 26개의 칸톤이 모인 연방 정부는 외교, 국방, 통신 등의 특정한 부분만 맡고 있어요. 스위스에는 나라를 운영하는 총리 같은 직책은 없어요. 연방 정부의 중요 업무를 담당하는 스위스의 내각은 서로 다른 주에서 선출된 7명의 장관으로 이루어지고 이들이 매년 교대로 연방 대통령에 취임해요. 대통령은 실제로 외국 귀빈을 접대하는 등의 대외 활동만 하는 데다가 매년 바뀌기 때문에 자기 나라의 대통령이 누구인지 스위스 국민들도 잘 모른다고 해요.

고객의 비밀은 무덤까지, 스위스 은행

스위스 은행은 스위스의 취리히에 있는 1872년에 세워진 은행이에요. 이 은행이 이렇게 유명해진 것은 고객의 비밀을 무덤까지 가져간다는 말이 나올 정도로 어떤 경우에도 돈을 맡긴 사람의 신분에 대해 철저하게 비밀을 지켜주기 때문이에요. 좋은 목적으로 고객의 돈을 지키기 위해 절저하게 비밀을 유지했지만 이러다 보니 국제적으로 검은 돈의 은신처라고 불리는 경우도 발생했어요.

🇨🇭 세계적인 시계를 만든 스위스인

스위스인들은 검소하고 소박하며 아무리 돈이 많아도 다른 사람들에게 과시하지 않는 것으로 유명해요. 또한 치밀하고 꼼꼼한 국민성을 가진 것으로도 유명해요. 특히 준법정신이 뛰어나 다른 유럽 국가에 비해 범죄율도 낮아요. 이들은 작은 규칙이나 관습까지도 무척 중요하게 생각하며 사소한 것까지 규칙을 만들어 지켜요. 각 주마다 규칙이 다르긴 하지만 이웃

너희가 스위스 시계를 아느냐!

스위스가 시계로 유명해지게 된 계기는 16세기 후반 유럽에 불어닥친 종교 박해를 피해 시계 기술자들이 안전한 스위스로 모여들면서 발전하기 시작했어요. 이를 계기로 시계 산업은 스위스 사람들 특유의 꼼꼼한 성격과 맞아떨어지면서 발전할 수 있었어요. 스위스 기차역에 걸려 있는 모든 시계는 동일한 디자인이라고 해요. 이 시계는 1944년 한스 힐피커라는 사람이 디자인한 것으로 지금은 스위스 시계와 스위스를 대표하는 상징물이 되었어요.

의 휴식을 방해하지 않기 위해 밤 10시 이후에는 창문 셔터를 소리 내어 내리지 못하도록 하거나 심지어 목욕을 금지하는 곳도 있어요. 또 속도위반을 하는 자동차나 인도로 운행하는 자전거, 도로 위를 걷는 보행자에게는 무거운 벌금을 매긴다고 해요. 그리고 경제범의 경우엔 경찰의 수사보다 누군가의 신고로 잡히는 일이 더 많아 스위스에는 7백만 명의 경찰이 있다고 말해요. 이러한 꼼꼼하고 철두철미한 스위스인들의 특징과 함께 절대적으로 부족한 자원으로 인해 스위스는 고도의 기술과 노동집약적 산업을 발전시킬 수밖에 없었는데 이것이 바로 세계적으로 유명한 스위스 시계를 낳게 된 이유이기도 해요. 스위스 시계는 수

백 년의 역사와 철저한 품질 관리로 세계 최고의 시계라는 찬사를 받고 있는데 여기서 우리는 스위스인들의 꼼꼼하고 철저한 장인 정신을 엿볼 수 있어요. 스위스인들은 이런 과정을 통해 작지만 단단하고 행복한 나라를 만들기 위해 최선을 다하고 있어요.

[Spain]

스페인 이야기

위대한 정열이여 다시 한 번!

🇪🇸 토마토 던지며 축제를 벌이는 나라

우리에게는 에스파냐라는 나라 이름보다 영어 이름인 스페인으로 잘 알려져 있어요. 스페인을 '정열의 나라'라고 하는 것은 사람들의 기질이 매우 열정적이고 화려한 데서 붙은 별명이에요. 이들은 이런 자신들의 기질에 맞는 축구와 투우를 즐겨요. 스페인 프로 축구는 세계적으로 아주 유명해요. 또한 투우에도 열광하지만 요즘은 동물 학대 문제로 점점 금지하자는 움직임이 활발하게 일어나고 있어요. 이런 열정적인 국민성 때문에 스페인에서는 축제가 끊일 날이 없어요. 그중에서도 최근에 우리에게 가장 많이 알려진 축제는 바로 토마토 축제예요. 토마토 축제는 스페

스페인 투우사

토마토 축제의 한 장면

인 동쪽의 작은 마을에서 해마다 8월 마지막 주 수요일에 벌어져요. 이때가 되면 사람들은 아무에게나 닥치는 대로 토마토를 던지면서 한바탕 싸움 같은 축제를 벌여요. 본격적으로 이런 전통이 생겨난 것은 1944년 농민들이 토마토를 던지면서 가격 폭락에 항의하는 시위를 벌인 것으로 지금은 하나의 축제로 자리 잡았어요. 지금 스페인은 유럽에서 중심 국가가 되지 못하고 밀려나 있지만 한때는 세계의 중심 국가로 우뚝 섰던 저력 있는 나라가 바로 스페인이에요.

스페인 이야기 145

후기 구석기 시대의 동굴인 알타미라 벽화

🇪🇸 알타미라 동굴의 나라, 스페인

구석기 시대의 벽화가 발견된 알타미라 동굴이 있을 정도로 스페인은 오랜 역사를 가진 나라예요. 알타미라 동굴 벽화에는 사람들과 동물들이 그려져 있는데 그 생생한 묘사와 아름다움은 보는 사람을 놀라게 해요. 이처럼 스페인이 있는 이베리아 반도는 오래전부터 사람이 살아온 흔적이 남겨진 곳이에요. 기원전 약 2000년경 이베리아 반도에는 원주민과 외지에서 들어온 바스크족과 켈트족이 함께 살았어요. 그러다가 기원전 131년 당시 최고의 선진국이었던 로마 제국의 침략으로 스페인은 로마의 식민지가 되고 말아요. 이때 로마 사람들은 스페인 사람들을 히스패니아라고 불렀어요. 이 말이 에스파냐의 어원이 되었고 영어로는 스페인이 되었어요.

게르만족과 이슬람의 침략

스페인을 식민지로 삼았던 로마가 500년 만에 물러나자 이번에는 게르만족의 일파인 서고트족이 남하해서 스페인을 점령하고 409년 서고트족의 왕국을 세웠어요. 다시 스페인은 게르만족의 일파인 서고트족의 지배 아래에 수백 년 동안 놓이게 되었어요. 하지만 711년 지금의 모나코라는 나라가 있는 곳에서 지브롤터 해협을 건너온 이슬람 세력이 이베리아 반도의 주도권을 장악했어요. 이때부터 또 스페인은 이슬람 세력의 통치 아래에 무려 781년 동안 놓여 있게 되었어요. 스페인이 이슬람 세력의 지배 아래에 들어가게 되자 기독교 세력은 한동안 숨죽이고 일어서지 못했어요. 그러다가 925년경부터 이슬람 세력을 물리치고 나라를 되찾으려는 국토 회복의 움직임이 일어났어요.

콜럼버스와 인디언

콜럼버스는 이탈리아 탐험가로 인도를 발견한다는 원대한 계획을 실현하기 위해 여러 나라에 도움을 요청했지만 모두 거절당했어요. 이때 스페인 여왕 이사벨의 도움으로 금과 향료가 풍부하다는 인도 대륙 탐험에 나설 수 있었어요. 콜럼버스는 오랜 항해 끝에 지금의 아메리카를 발견했어요. 그는 자신이 발견한 아메리카를 인도라 믿었어요. 그래서 그곳에서 살고 있는 원주민을 인도의 사람이라고 인디언이라 불렀어요. 콜럼버스는 죽을 때까지 아메리카를 인도라고 믿었어요.

🇪🇸 이슬람의 축출과 스페인 통일

925년경부터 서서히 시작된 통일 운동은 점점 세력을 확장하면서 이슬람 세력을 압박해 들어갔어요. 그러다가 1492년 이베리아 반도의 그리스도 소왕국의 이사벨 왕비와 다른 소왕국의 왕자 아라곤이 결혼을 하면서 나라를 통합하며 힘을 키워 마침내 1492년 이슬람 세력의 마지막 거점인 그라나다 왕국을 몰아내고 드디어 꿈에 그리던 통일 국가를 건설하게 되었어요. 1492년을 계기로 이베리아 반도의 스페인은 유럽 강자로 떠올랐어요. 또한 1492년은 스페인 여왕의 도움으로 콜럼버스가 신대륙을 발견한 해이기도 해요. 이 일을 계기로 유럽 외에 신대륙으로 눈을 돌린 스페인은 식민지 개척을 통해 나라를 부강하게 만들면서 비약적인 발전을 했어요.

스페인 전통 춤인
플라멩코에서 사용하는 캐스터네츠

고대 로마의 유적이 있는 메리다 유적지

무적함대와 해양 왕국의 몰락

 이사벨 여왕이 자식 없이 죽게 되자 스페인 왕을 누구로 할 것이냐가 문제로 대두되었어요. 이때 유럽 지역을 양분하고 있던 합스부르크 왕가의 독일 황제가 혈통적으로 왕위 계승권을 물려받아 스페인 왕이 되었어요. 그래서 독일 황제가 스페인 왕을 겸임했고 이를 계기로 오스트리아 중심의 합스부르크

이름만 거창한 무적함대

우리는 종종 스페인을 무적함대라고 부르는 경우가 있어요. 특히 축구 등의 스포츠 경기를 할 때 무적함대라는 표현이 많이 등장해요. 무적함대는 1585년 스페인 왕 펠리프 2세가 식민지 쟁탈전의 경쟁자였던 영국을 꺾기 위해 편성한 대규모의 함대를 말해요. 스페인 왕 펠리프 2세는 자신이 직접 이 대규모 함대의 이름을 무적함대라고 붙여 주었어요. 하지만 무적함대는 1588년 영국과의 대결에서 영국 해군의 기습 작전에 대패를 당하고 말았어요. 결국 이름만 거창한 무적함대에 지나지 않았어요. 이 전투의 패전을 계기로 스페인은 몰락하기 시작했어요.

왕가는 오스트리아, 독일, 스페인, 네덜란드 등 네 국가의 황제를 배출하면서 유럽의 강자로 떠올랐어요. 이런 와중에도 스페인의 국력은 계속 뻗어 나갔고 식민지 쟁탈권을 놓고 1580년 영국, 네덜란드와 충돌하게 되었어요. 스페인은 무적함대를 구축하여 영국, 네덜란드 연합군을 격파하려고 했지만 오히려 전쟁에 지고 말아요. 이때부터 스페인의 국력은 점차 기울기 시작했고 1700년경에는 스페인 왕을 겸하던 독일 황제도 자식 없이 죽게 되자 이번에는 스페인 옆에 바로 붙어 있는 프랑스 중심의 부르봉 왕가가 그 틈을 노리고 자신들이 스페인 왕이 되어야 한다고 하면서 합스부르크 왕가와 충돌하였어요. 이렇게 해서 이름하여 '스페인 왕위 전쟁'이 일어나게 되었고 이 전쟁에서 부르봉 왕가가 승리하면서 스페인 왕은 부르봉 왕가에게 돌아가게 되었어요. 1898년 스페인은 식민지였던 마카오까지 중국에 넘기면서 모든 식민지를 다 잃고 점점 쇠락해 갔어요.

수도 마드리드에 있는 마요르 광장

독재자 프랑코와 스페인 내전

1936년 2월 선거에서 좌파가 승리하자 우파였던 프랑코 장군이 쿠데타를 일으키면서 스페인 내전이 시작되었어요. 이 내전은 정치적 입장에 따라 이탈리아의 무솔리니와 독일의 히틀러가 프랑코 장군을 지원했고 좌파는 소련과 멕시코가 지원을 했어요. 3년간의 내전 끝에 프랑코 장군이 승리하면서 스페인은 수십 년 프랑코의 독재 정권의 시절로 들어섰어요. 이때 독일군이 프랑코 장군을 지원하기 위해 스페인의 게르니카 마을을 폭격하면서 많은 사람들이 죽었어요. 피카소는 이 비극을 고발하고자 그림 〈게르니카〉를 그렸어요.

3년 내전과 일어서는 스페인

스페인은 힘없는 종이호랑이로 20세기를 맞이하면서 혼란으로 빠져들었어요. 20세기 유럽은 새로운 사상과 혁명으로 들끓었고 그 영향이 스페인에도 몰아쳤어요. 스페인도 좌우로 나뉘어 서로 옳다고 다툼이 계속되다가 1936년 선거를 통해 좌파가 승리했어요. 하지만 이를 인정 못한 우파의 프랑코 장군이 쿠데타를 일으켰어요. 결국 프랑코 장군의 쿠데타는 스페인을 내전으로 빠트렸어요. 스페인 내전은 주변국들의 이해관계까지 얽혀서 무려 3년이나 끌었지만 결국 프랑코 장군의 승리로 마무리가 되었어요. 정권을 장악한 프랑코 장군은 이때부터 공포정치를 시작했어요. 이렇게 스페인은 1975년 프랑코 장군이 사망할 때까지 유럽이면서도 민주주의가 가장 더딘 독재 국가로 남아서 유럽의 완전한 변방이 되고 말았어요. 1975년 프랑코 장군이 사망하자 후안 카를로스 국왕이 즉위하여 스페인을 입헌 군주국으로 만들면서 민주 국

스페인 관광 도시 톨레도와 세계문화유산 알카사르 건축물

피카소의 그림 〈게르니카〉

피카소와 〈게르니카〉

피카소는 스페인이 낳은 20세기 최고의 화가로 불리고 있어요. 그는 "나는 보이는 것을 그리는 것이 아니라 보이지 않는 것을 그린다"고 하면서 입체파를 탄생시켰어요. 그의 대표작으로는 〈아비뇽의 처녀들〉과 〈게르니카〉가 있어요. 특히 〈게르니카〉는 1937년 조국 스페인 내전 당시 독재자 프랑코를 지원하는 독일군의 폭격으로 폐허가 된 게르니카라는 작은 마을을 소재로 그린 그림으로 전쟁의 비극성과 민중의 슬픔을 표현한 벽화예요.

가로 발돋움할 수 있는 계기를 만들었어요. 그리고 1986년 지금의 유럽 공동체에 가입하면서 선진국 스페인이 되기 위해 박차를 가하며 지속적으로 발전하고 있어요.

[Sweden]

스웨덴 이야기

지구상에 더 이상의 행복은 없다

🇸🇪 『닐스의 모험』이 있는 나라

스웨덴은 지금 세계에서 국민들이 가장 잘사는 나라로 알려져 있을 만큼 사회 복지 제도가 아주 잘되어 있어요. 그리고 우리에게 잘 알려진 세계 명작 『닐스의 모험』이 탄생한 나라이기도 해요. 스웨덴의 아름다운 자연과 전설을 배경으로 탄생한 『닐스의 모험』은 스웨덴 사람들의 사랑을 듬뿍 받았을 뿐만 아니라 지금은 전 세계 어린이의 사랑을 받는 명작이에요. 이 동화의 작가 라게를뢰프는 이 작품으로 여성 최초로 노벨 문학상을 받는 영광을 누렸어요. 라게를뢰프는 어릴 때부터 다리를 저는 장애가 있어 학교를 가지 못하고 집에서 공부했지만 나중에 초등학교 선생님이 되어 『닐스의 모험』을 썼다고 해요. 오늘날의 살기 좋은 스웨덴은 거저 얻은 것이 아니라 오랜 역사 속에서 온갖 어려움을 헤

바이킹족 투구

쳐 오면서 이처럼 살기 좋은 나라를 만들었어요.

🇸🇪 11세기에 처음 만든 통일 국가

지금의 스웨덴 땅에는 기원전 3000년경부터 인류가 살았던 흔적이 남아 있지만 알려진 경우로 보면 제일 먼저 아시아계 리프족이 스웨덴에 살았다고 해요. 그러다가 500년경부터 북부 게르만족의 일파인 고트족이 아시아계 리프족을 밀어내고 자리를 잡았어요. 그리고 약 100년 후인 600년경에는

스웨덴의 옛 모습을 볼 수 있는 감나스탄 구시가지

같은 게르만족 일파인 스비아인이 함께 정착을 했어요. 이렇게 두 종족이 같은 곳에 어울려 살면서 오늘날의 스웨덴 민족을 만들었어요. 스웨덴이라는 이름은 바로 스비아인에서 나온 말이에요. 또 이들과 더불어 살던 게르만족의 일파로 노르만인이라 불리는 바이킹족은 8~11세기에 걸쳐 이곳을 떠나 따뜻

> ### 〈말괄량이 삐삐〉와 린드그렌
>
> 한때 텔레비전 만화 영화로 우리에게 큰 인기를 끌었던 〈말괄량이 삐삐〉는 스웨덴의 유명한 여성 아동 문학가인 아스트리드 린드그렌의 작품으로 원래 제목은 『삐삐 롱스타킹』이에요. 평범한 초등학교 선생님이었던 린드그렌은 어린 딸에게 자장가로 들려주었던 이야기인 「삐삐 롱스타킹」을 1945년 책으로 내면서 세계적으로 커다란 화제를 모았어요. 그 후 동화 작가로서 활발한 활동을 하였고 안데르센상 수상을 비롯해 많은 아동 문학상을 받았어요. 린드그렌의 동화는 우리나라에도 아주 많이 소개되어 있어요.

한 곳을 찾아 남하를 시작했어요. 이것을 5세기 1차 게르만족 대이동에 견주어 2차 대이동이라고 해요. 게르만족은 남쪽으로 향하면서 나라를 세우기도 하고 정착하기도 했지만 정작 살던 지역인 스칸디나비아에서는 나라를 세우지 못하고 이러저리 작은 부족으로 흩어져 살았어요.

덴마크와의 독립 투쟁

11세기인 1060년이 되어서야 덴마크는 첫 통일 국가를 만들었지만 통일 국가는 별다른 활약을 펼치지 못했어요. 당시 스칸디나비아의 인접 국가인 덴마크, 노르웨이, 스웨덴 왕족들은 서로 같은 왕가였어요. 친인척 왕족으로 각기 세 나라의 왕을 맡고 있었던 거예요. 13세기에 와서는 서로의 혼인 관계가 복잡해지면서 덴마크가 제일 큰 형님이 되어 삼국을 좌지우지했어요. 그러다가 덴마크 왕이 노르웨이 왕도 겸하게 되었고 1397년에는 덴마크의 마르그레테 여왕이 칼마르 동맹

덴마크 수도 코펜하겐에 있는 관광 명소 크리스티안보르 궁전

을 맺으면서 아예 스웨덴은 임금 자리를 없애 버렸어요. 이제 덴마크 여왕 한 사람이 명실상부 세 나라를 통치하게 되었어요. 이런 상태로 스웨덴은 1523년까지 126년 동안 덴마크의 지배를 받다가 차츰 독립에 눈을 뜨게 되었어요. 특히 1434년에 일어난 엥겔브렉트손의 농민 반란은 스웨덴 독립의 기틀을 닦았어요. 엥겔브렉트손은 지금까지도 스웨덴 독립운동의 영웅으로 대접받고 있어요.

바이킹족의 모습

스웨덴 이야기 | 159

🇸🇪 스웨덴 최고의 전성기

16세기 초 스웨덴은 드디어 구스타브 바사에 의해서 덴마크로부터 독립 전쟁을 승리로 이끌었어요. 구스타브 바사는 1523년 덴마크군을 격파하고 독립을 쟁취하여 구스타브 1세가 되었어요. 독립 전쟁 당시 그의 독립운동에 대한 국민들의 지지가 얼마나 대단했는지 구스타브가 덴마크군에 쫓길 때 스웨덴 농민들은 그를 보호하기 위해 290킬로미터가 넘는 눈길을 스키로 도주시키기도 했어요. 스웨덴에는 그때의 이 사건을 기리기 위해 매년 3월 초가 되면 290킬로미터 눈길을 달리는 바사 축제를 열어요. 이 행사는 세계적으로 유명한 스웨덴 최고의 축제가 되었어요. 스웨덴은 독립 국가로서 발전을 거듭했고 이때부터 약 100여 년간이 스웨덴 최고의 전성기였어요. 하지만 찬란한 영화도 잠시 크리스티나 여왕 이후로 점차 빛을 잃으면서 국력은 쇠약해져 갔고 새로 일어난 독일 지역의 프로이센에게 눌리면서 완전히 힘을 잃고 말았어요.

🇸🇪 평화적으로 돌려준 노르웨이

18세기 들어오면서 스웨덴은 더욱 혼란으로 빠져들었어요. 유럽의 민주주의 운동이 스웨덴에도 몰아닥치면서 정치는 의회주의와 전제 정치를 둘러싸고 오랫동안 다툼이 계속되었어요. 그러다가 유럽 전역에서 나폴레옹이 일으킨 나폴레옹 전쟁에도 휘말려 들었어요. 스웨덴은 반 나폴레옹과 친 나폴레옹 사이를 오락가락하다가 결국 반 나폴레옹 편에 서서 싸웠어요. 유럽을 호령하던 나폴레옹 전쟁은 나폴레옹의 패배로 끝나면서 스웨덴은 승전국이 되었어요. 그 결과로 스웨덴은 나폴레옹 편에 서서 싸웠다가 패전국이 된 덴마크로부터 노르웨이를 얻어 내고 노르웨이를 지배하게 되었어요. 노르웨이가 스웨덴의 지배 아래에 들어가자 이번에는 노르웨이 사람들이 들고 일어났어요. 덴마크가 지배할 때와 달리 스웨덴은 모든 면에서 이질적이라서 노르웨이 사람들의 반감은 훨씬 컸어요. 스웨덴은 노르웨이의 격렬한 독립 투쟁에 부닥치면서 골머리를 썩게 되었어요. 결국 1905년 노르웨이 국민이 국민 투표를 통해 스웨덴과의 동맹을 파기하고 독립을 선언

노벨과 다이너마이트

노벨은 1833년 스웨덴 스톡홀름에서 태어났어요. 그는 아버지를 도와 폭약 개발을 위해 일했어요. 이 와중에 사고가 발생하여 동생이 죽기도 했어요. 하지만 그는 계속 연구에 몰두하여 마침내 고성능 폭약을 개발하고 이름을 다이너마이트라고 붙였어요. 다이너마이트의 개발로 그는 엄청난 돈을 벌어 부자가 되었어요. 하지만 그는 자신이 개발한 폭약이 전쟁 무기의 재료로 쓰이는 것을 안타까워했어요. 그래서 그가 번 돈을 스웨덴 과학 아카데미에 기부하고 과학의 진보와 세계의 평화를 위해 써 달라는 유언을 남겼어요. 그의 유언에 따라 1901년부터 노벨상이 만들어져 시행되고 있어요.

스웨덴 말뫼와 덴마크 코펜하겐 사이 8킬로미터에 달하는 외레순 대교

했어요. 이에 스웨덴은 무력 진압과 평화적 해결을 놓고 고민하다가 노르웨이 독립을 인정하면서 전쟁 없이 평화적으로 노르웨이는 독립 국가를 세우게 되었어요. 이후 노르웨이는 세계 대전이 벌어질 때도 중립을 지키면서 전쟁 없는 나라를 200년 가까이 이어 오고 있어요.

스웨덴 전통 나무 목마

🇸🇪 최고의 복지 국가 스웨덴

스웨덴은 제1·2차 세계 대전을 모두 피해 갈 수 있었고 이렇게 전쟁이 일어난 이면에는 무엇보다 삶의 질적 향상에 대한 민중들의 근본적인 요구가 있다 판단했어요. 그래서 스웨덴은 탄탄한 경제력을 바탕으로 세계 최고의 복지 국가를 만들어 갔어요. 스웨덴을 포함하여 북유럽에 속하는 스칸디나비아 반도의 국가들은 특히 지구상에서 국민들이 가장 살기 좋은 훌륭한 복지 국가로서의 모델이 되고 있어요. 이들 가운데 특히 스웨덴은 '요람에서부터 무덤까지' 거의 완벽에 가까울 정도의 각종 사회 복지 제도를 마련하여 국가가 국민의 행복을 보장해요. 물론 이런 복지 국가를 만들기 위해 국민들은 자신의 수입 50퍼센트를 세금과 사회 보험료로 내고 있어요. 하지만 국민들은 국가가 그 대가로 주는 사회 복지에 대해 신뢰를 보내며 만족해 해요. 한마디로 스웨덴은 지

요람에서 무덤까지, 사회 복지 제도

원래 '요람에서 무덤까지'란 말은 제2차 세계 대전 후 영국의 노동당에서 내세운 슬로건이에요. 전 세계적으로 유럽이 사회 복지 제도가 가장 발달되어 있지만 그중에서도 스웨덴의 사회 복지 제도가 가장 유명해요. 단적으로 학비가 모두 무료예요. 뿐만 아니라 아픈 사람이 돈이 없어서 수술 못하는 일도 없지요. 이렇게 하려면 국민이 세금을 많이 내어 국가가 돈이 많아야 하겠지요. 그래서 스웨덴은 가장 세금을 많이 내는 나라예요. 하지만 언젠가 돌려받을 수 있기 때문에 국민들은 불만이 거의 없다고 해요.

수도 스톡홀름 전경

상에서 만날 수 있는 최고의 낙원이라 할 수 있고 지구상의 모든 국민들이 바라는 국가의 모습이라고도 할 수 있어요.

[Russia]

러시아 이야기

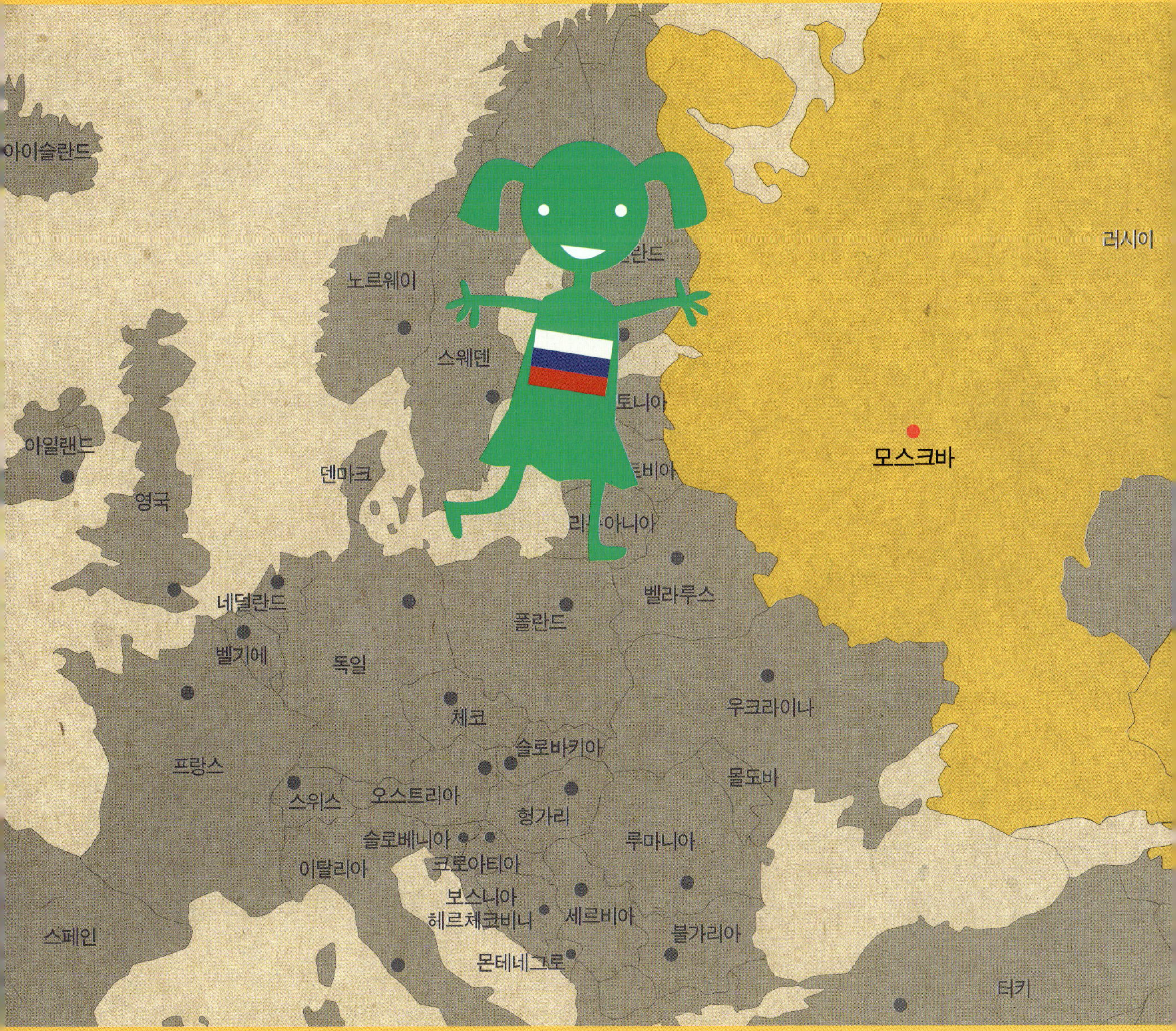

인류의 위대한 실험과 좌절

🇷🇺 감기에는 보드카가 최고예요!

톨스토이와 그의 아내

보드카는 우리나라의 소주처럼 러시아의 대표적인 술이에요. 보드카는 러시아어로 '물'이라는 뜻을 담고 있어요. 특히 겨울이 되면 러시아 사람들은 추위를 견디기 위해 보드카를 많이 마신다고 해요. 이렇게 일상생활 속에서 즐기다 보니 이제 보드카는 러시아에 없어서는 안 될 삶의 일부가 되었어요. 러시아 사람들은 함께 보드카를 마시며 술에 취하지 않으면 친한 친구로 생각하지 않을 정도라고 해요. 보드카가 얼마나 러시아 사람들의 일부가 되었는지 감기에 걸려도 보드카와 후추를 섞어 마시고 배가 아플 때도 보드카에 소금을 타서 마실 정도라고 해요.

발레와 연극, 오페라기 공연되는 국립 아카데미 볼쇼이 극장

🇷🇺 『전쟁과 평화』를 쓴 톨스토이의 나라

러시아는 수많은 예술가를 배출한 나라이기도 해요. 나라가 넓은 만큼 훌륭한 예술가도 많이 나왔어요. 대표적인 문학가 중 한 사람이 바로 톨스토이예요. 톨스토이는 영국의 셰익스피어, 독일의 괴테에 맞먹을 정도로 훌륭한 작가예요. 톨스토이의 많은 작품들은 『죄와 벌』로 유명한 같은 러시아의 도스토옙스키의 작품과 함께 전 세계 모든 사람의 심금을 울렸어요. 또 문학뿐만 아니라 음악에서는

러시아 민속 무용 의상

러시아 이야기 | 167

〈백조의 호수〉, 〈호두까기 인형〉 등으로 유명한 차이콥스키 등이 있어요. 이들의 예술은 인류 역사를 빛내면서 지금도 전 세계에 울려 퍼지고 있어요. 그리고 무용에서는 볼쇼이 발레단이 아주 유명해요. 이런 역사 깊은 예술 세계를 가진 러시아는 슬라브족을 대표하고도 남을 정도예요.

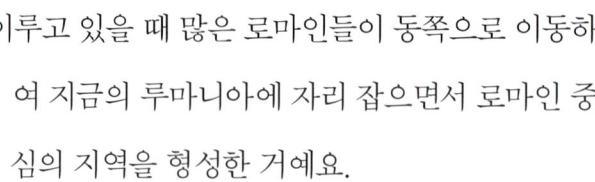 슬라브족의 대표 국가, 러시아

러시아는 유럽 3대 민족 중 하나인 슬라브족이 주로 살고 있어요. 슬라브족은 대부분 유럽의 동쪽에 자리를 잡아 국가를 형성하고 있어요. 그래서 우리가 동유럽이라고 부르는 지역에 속한 나라들은 루마니아와 헝가리를 빼고 슬라브족들이 중심이 된 국가예요. 동유럽에 있지만 루마니아는 나라 이름 자체가 '로마인의 나라'라는 뜻이에요. 고대 로마가 대제국을 이루고 있을 때 많은 로마인들이 동쪽으로 이동하여 지금의 루마니아에 자리 잡으면서 로마인 중심의 지역을 형성한 거예요.

슬라브족은 고대 아시아로부터 건너와서 지금 동유럽 쪽에 주로 자리 잡은 것으로 알려지고 있어요. 동쪽에서 건너오면서 동유럽 쪽에 터

나무로 된 러시아 공예품 수저와 그릇

를 잡았기 때문에 상대적으로 북에서 남쪽으로 내려오면서 로마 문명을 마음껏 받아들인 게르만족과는 달리 고대 선진 문명인 라틴 문화 등과의 접촉이 늦었어요. 그래서 그리스도교의 전파와 국가 형성이 서유럽보다 상당히 늦어서 대개 9세기경에 국가를 이루었어요.

슬라브족의 나라 러시아는 세계에서 최고 큰 영토를 가진 나라이고 그 큰 영토가 유럽과 아시아에 걸쳐 있기 때문에 러시아를 말할 때 유라시아 대륙에 있는 나라라고 일컬어요. 유라시아란 유럽과 아시아를 합쳐서 부르는 말이에요. 만약에 1867년 러시아가 알래스카를 미국에 단돈 720만 달러에 팔지 않았다면 러시아의 영토는 유럽, 아시아를 거쳐 아메리카 대륙에까지 걸쳐 있는 더 거대한 나라가 되었을 거예요. 러시아라는 이름의 어원이 되는 '루시'가 처음 역사에 등장한 시기는 약 600년경이라고 해요. 루시는 바이킹 말로 '노 젓는 사람'이라는 뜻이에요. 루시는 슬라브족 중에서도 배를 타고 이동하며 생활한 민족을 말해요. 이렇게 떠돌던

푼돈에 팔아먹은 알래스카

1867년 러시아는 알래스카를 단돈 720만 달러의 푼돈을 받고 미국에 팔아넘겼어요. 당시 미국의 국무장관 윌리엄 슈워드가 알래스카를 사기로 결정하자 미국 내에서도 아무짝에도 쓸모없는 땅을 산다고 반대 여론도 만만치 않았어요. 그래서 어떤 사람들은 알래스카를 슈워드의 냉상고라고노 물렀어요. 지금은 어마어마한 지하자원 등으로 그 값을 매길 수 없는 땅이 되었고 러시아는 땅을 치며 후회하고 있어요.

세계 3대 박물관으로 꼽히는 에르미타주 미술관

루시들이 최초로 통일 국가를 세운 곳은 정확히 말하면 지금의 우크라이나 지역이에요. 이 지역에 루시들은 키예프 공국을 세웠어요.

🇷🇺 러시아의 모태, 키예프 공국과 몽골의 지배

러시아라는 말은 '루시인의 나라'라는 말이에요. 러시아의 모태가 되는 최초의 통일 국가는 루시들이 우크라이나에 세운 공화국인 키예프 공국에서부터 출발해요. 키예프 공국은 880년경부터 12세기 중반까지 지금의 우크라이나 지역 키예프를 중심으로 존재한 국가예요. 이때 키예프 공국의 블라디미르 1세는 988년 세례를 받고 그리스 정교를 받아들였어요. 이것이 나중에 러시아 정교가 되었어요. 그리고 1054년까지가 최고의 전성기였어요. 이때 영토를 계속 확장하여 동쪽으로는 우랄 산맥을 넘고 남쪽으로는 루마니아까지 영토를 넓혔어요. 이때부터 본격적인 루시인의 나라, 러시아의 역사가 시작되었어요. 하지만 이후 쇠퇴하여 13세기 중엽에는 몽골의 침입에 의해 러시아는 완전히 초토화 당하면서 200여 년 동안 몽골의 지배 아래에 있게 되었어요. 키예프 공국이 망하고 13세기 초에 생겨난 모스크바 공국은 15세기 몽골군을 완전히 몰아내는 데 성공했어요. 이후 우여곡절을 겪은 러시아는 공국이 아니라 황제, 즉 차르가 지배하는 거대한 나라로 세계사에 등장했어요.

러시아 목각 인형
마트료시카

키예프 왕가가 살던 왕궁 외관

🇷🇺 제국 러시아의 로마노프 왕조

 뇌제라고도 불리는 모스크바 공국 이반 4세는 귀족들의 횡포로 어려움을 겪었어요. 그래서 왕권을 강화하기 위해 1547년 이반 4세는 자신을 황제라는 뜻인 '차르'라 하면서 막강한 전제 정치를 시작했어요. 이때부터 러시아는 시베리아를 정복하는 등 거대한 러시아를 향한 첫발을 내딛게 되었지만 폴란드에 의해 모스크바 공국은 무너지고 말았어요. 그리고 1613년 로마노프 집안이 권력을 장악하면서 로마노프 왕조 시대를 열었어요. 로마노프 왕조는 러시아 혁명이 일어날 때까지 약 300년간 러시아 제국을 지배하는 세력이 되었어요. 로마노프 왕조의 러시아가 유럽의 강대국으로 부상할 수 있게 했던 대표적 군주는 바로 표트르 대제였어요. 그는 로마노프 왕조의 4대 황제로서 유럽의 앞선 학문과 기술, 제도 등을 받아들였을 뿐만 아니라 대대적인 영토 확장에도 나섰어요. 그래서 거의 지금 러시아 영토와 맞먹을 정도로 땅을 넓히면서 명실상부 제국의 황제가 되었어요.

러시아를 강국으로 만든 표트르 대제

표트르에 의해 유럽 강국으로 등장한 러시아는 여자 황제 예카테리나 때는 프랑스 문화를 적극적으로 받아들여 문화적인 면에서도 러시아의 르네상스를 열었어요. 이렇게 전제 군주의 나라로 발돋움을 하던 러시아는 1812년 나폴레옹의 침략을 받았어요. 나폴레옹의 러시아 침략은 실패했지만 결과적으로는 전제 군주의 나라 러시아를 흔들어 놓았어요. 나폴레옹이 전한 프랑스의 자유·평등·박애 정신은 러시아 국민들로 하여금 자유사상에 눈을 뜨게 하였어요.

🇷🇺 데카브리스트와 브나로드 운동

프랑스의 나폴레옹이 전해 준 새로운 자유사상은 전제 군주에 저항하는 데카브리스트 운동으로 번져 갔어요. 데카브리스트는 우리말로 12월 당원이라는 뜻인데 러시아어로 12월을 데카브리라고 한 데서 온 말이에요. 데카브리스트는 1825년에 일어난 러시아 최초의 근대적 혁명 운동으로 나폴레옹 전쟁에 의해 유럽의 자유주의 사상을 받아들인 러시아의 청년 장교들이 일으킨 운동이에요.

1825년 11월 황제 알렉산드르 1세가 죽은 후 황제 계승 문제로 혼란해진 틈을 타서 젊은 청년 장교들이 무장봉기를 꾀하였어요. 이들은 12월 14일 상트페테르부르크의 원로원 광장에서 거행된 새 황제 니콜라이 1세의 즉위식 식장에서 선서를 거부하고 무장봉기를 꾀하였지만 진압당하고 말았어요. 그 결과 많은 사람이 교수형을 당하고 시베리아

브나로드와 소설 『상록수』

'민중 속으로'라는 뜻을 가진 러시아의 브나로드 운동은 일제 강점기 당시 우리나라에도 영향을 미쳤어요. 젊은 지식인들 사이에서는 독립을 위해서는 민중 속으로 들어가는 농촌 계몽이 필요하다고 주장하며 농촌으로 들어가는 움직임이 있었어요. 소설 『상록수』는 바로 일제 강점기 브나로드 운동을 위해 농촌으로 들어간 청춘 남녀의 숭고한 사랑을 그린 이야기예요. 상록수를 쓴 심훈은 1901년에 태어나 1936년 해방을 보지 못하고 30대의 젊은 나이에 세상을 떠났어요.

러시아 제2의 도시로 불리는 상트페테르부르크의 도시 전경

로 유배를 갔어요. 비록 무장봉기는 실패했으나 러시아 사회에 많은 영향을 끼쳤어요.

브나로드는 '민중 속으로'를 뜻하는 말이에요. 새로운 사회를 지향하기 위해서는 농촌이 깨어나야 된다고 생각한 많은 러시아 지식인들이 민중 계몽을 위해 농촌으로 파고든 운동을 말해요. 브나로드라는 슬로건 아래 러시아의 많은 지식인들이

꿈에서 깨어난 피의 일요일

1905년 1월의 일요일, 니콜라스 2세의 궁전 앞에 약 20만 명의 남녀노소가 모여들었어요. 이들은 무장도 하지 않고 니콜라스 2세의 초상화를 들고 〈하느님이시여, 황제를 구해 주소서〉라는 찬송가를 부르며 행진했어요. 이들은 배고픔과 굶주림을 견디지 못해 황제에게 직접 말하면 자비를 베풀어 줄 것이라고 믿고 있었어요. 하지만 그들을 향해 날아온 것은 무자비한 총탄뿐이었어요. 이 총탄으로 5백 명도 넘는 많은 사람들이 숨지면서 피의 일요일이 되고 말았어요. 이때부터 러시아 민중은 차르, 즉 황제에 대한 경외심을 거두고 차르 타도의 길로 접어들었어요. 이 사건을 '피의 일요일' 사건이라고 불러요.

1873년 농촌으로 뛰어들었어요. 하지만 기대만큼의 성과를 얻지 못하고 많은 사람들이 검거되어 처벌을 받았어요. 러시아의 브나로드 운동은 일제 강점기 우리나라에도 영향을 미쳐 우리나라의 많은 지식인들도 브나로드를 외치면서 한때 농촌 계몽 운동을 활발히 벌이는 단초를 제공했어요.

무너지는 제국 러시아와 사회주의 혁명

1881년 차르 알렉산드르 2세가 무정부주의자에게 암살당하면서 러시아는 걷잡을 수 없는 폭풍 속으로 빨려 들어갔어요. 이런 혼란 속에 농민과 노동자는 공산주의 운동을 적극적으로 지지하게 되었어요. 하지만 차르 정부가 극심하게 탄압을 하자 공산주의자들은 해외로 망명하여 1903년 사회민주 노동당을 창건하게 되었고 이들 중에 다수파를 볼셰비키, 소수파를 멘셰비키

차르 알렉산드르 2세가 살해되어 피의 성당이라고도 불리는 그리스도 부활 성당

러시아 혁명과 레닌

1917년 러시아에서 일어난 20세기 최초의 사회주의 혁명을 러시아 혁명이라고 말해요. 이 혁명을 통해 러시아는 1922년 사상 최초의 공산주의 국가인 소련을 탄생시켰어요. 그리고 레닌은 바로 러시아 혁명의 최고 지도자였어요. 또한 그는 마르크스의 사상을 발전시켜 마르크스 이후 가장 위대한 혁명 사상가인 동시에 역사상 가장 뛰어난 혁명 지도자로 인정받았지만 그가 세운 사회주의 소련은 의도와 달리 갈 길을 잃고 헤매다 몰락하고 말았어요.

라 했어요. 1905년 러시아는 일본과의 전쟁에 패하게 되면서 더 심한 혼란에 빠져들었고 분노와 굶주림에 지친 민중들은 황제에게 자신들의 사정을 알리기 위해 궁전으로 몰려갔어요. 그러나 군대가 무차별 발포를 하면서 많은 사람들이 목숨을 잃었어요. 이것을 바로 '피의 일요일 사건'이라고 불러요.

나라 사정은 풍전등화인데 차르 정부는 민중들의 요구는 외면한 채 관심을 밖으로 돌리기 위해 1914년 제1차 세계 대전이 터지자 독일에 선전 포고를 하고 전쟁에 참여했어요. 1917년 전쟁과 굶주림에 지친 민중들은 다시 들고 일어났고 11월 4일 레닌의 주도 아래 혁명이 일어나 성공하면서 러시아 제국은 무너지고 말았어요.

레닌

🇷🇺 소련의 등장과 몰락 그리고 러시아

1922년 러시아는 '소비에트 사회주의 공화국 연방', 줄여서 소련이라는 나라로 다시 탄생하면서 인류 역사상 최초로 사회주의 정권이 들어섰어요. 하지만 애초의 혁명 정신은 퇴색되고 소련은 공포와 숙청의 독재 국가로 접어들었어요. 특히 1924년 레닌 사후 스탈린에 의한 피의 숙청과 공포정치가 시작되었어요. 이런 상황에서 소련은 제2차 세계 대전 후 미국과 맞먹는 초강대국으로 성장하여 서로 경쟁 관계가 되었어요. 이때를 냉전 시대라고 불러요. 1985년 고르바초프가 소련의 모순을 고치기 위해 등장하여 개혁 개방을 이끌었지만 1989년 소련을 비롯한 동구 사회주의 정권은 모순과 부조리가 극에 달해 결국 스스로 무너지고 말았어요. 소련도 해체되면서 1991년 많은 민족이 분리 독립하고 소련은 러시아라는 이름으로 다시 돌아왔어요. 이후 러시아는

고르바초프와 노벨 평화상

고르바초프는 소련 최초의 대통령이에요. 그는 소련의 최고 자리인 서기장으로 있던 시절 공산주의의 여러 가지 문제점을 알게 되었어요. 이를 해결하기 위해 개혁을 추진하였는데 이것을 페레스트로이카라고 해요. 이 개혁 정책은 소련뿐만이 아니라, 동유럽 국가의 민주화 개혁에도 영향을 미쳤어요. 그는 세계 평화에 기여한 공로를 인정받아 1990년 노벨 평화상을 받았으며 1991년 소련 공산당을 해체하여 냉전 시대를 종식시켰어요.

러시아 전통 문양이 그려진 목마

모스크바의 중앙부 크렘린 성벽의 북동쪽에 있는 붉은 광장과 상크트바실리 대성당

1993년 옐친 대통령 그리고 푸틴 대통령의 집권과 지금의 대통령까지 새로운 나라를 위해 열심히 달리고 있어요.

[Czech / Slovakia]

체코와 슬로바키아 이야기

프라하의 봄

🇨🇿 🇸🇰 자유로운 영혼 체코의 보헤미안

카프카와 소설 『변신』

우리에게 소설 『변신』으로 잘 알려진 카프카는 체코의 수도 프라하에서 1883년에 태어난 유대계 독일인 작가예요. 그는 대단한 열정으로 밤늦도록 글을 쓰며 문학에 대한 열정을 키웠지만 그의 작품은 죽을 때까지 인정받지 못했어요. 하지만 『이방인』을 쓴 알베르 카뮈는 카프카를 실존주의 문학의 선구자라 칭송했어요. 나중에 그의 문학은 재평가를 받았고 그의 작품 『변신』은 세계적으로 유명해졌어요.

보헤미안이란 프랑스 사람들이 집시를 가리키는 말이에요. 프랑스 사람들이 집시를 보헤미안이라 부른 것은 15세기 당시 체코의 보헤미아 지방에 집시족이 많이 살았기 때문에 이들을 보헤미아에 사는 집시라고 보헤미안이라고 불렀어요. 집시란 국가를 세우지도 않고 거주지도 마련하지 않은 채 떠돌면서 생활하는 소수 유랑 민족을 말해요. 첫 집시족은 인도에서 발생하여 헝가리를 중심으로 유럽 등 여러 지역으로 퍼져 나갔다고 알려지고 있어요. 이들은 예술적 재능이 뛰어나 가수나 점쟁이 등을 하면서 생계를 꾸려요.

이후 보헤미안은 점차 집시족뿐만 아니

블타바 강이 흐르는 체코의 수도 프라하

라 19세기 후반에는 사회의 관습에 구애되지 않는 예술가·문학가·배우·지식인 등의 자유분방한 생활을 하는 교양인을 가리키는 말이 되었어요.

같은 뿌리 다른 줄기, 체코와 슬로바키아

체코슬로바키아는 1992년까지 한 나라였다가 1993년 1월 1일부터 각각 체코와 슬로바키아로 두 나라가 되었어요. 그리고 이렇게 갈라지는 과정도 정말 평화롭게 투표를 통해 결정을

『참을 수 없는 존재의 가벼움』, 밀란 쿤데라

우리나라에 『참을 수 없는 존재의 가벼움』을 비롯해 많은 소설로 알려진 밀란 쿤데라는 1929년 체코슬로바키아의 브륀에서 태어난 시인이자 소설가예요. 체코슬로바키아의 민주화를 위해 노력을 하다가 모든 공직에서 쫓겨나고 책들을 압수당했어요. 그래서 1975년 프랑스로 건너가 작품 활동을 하면서 널리 그 명성을 떨쳤어요. 『참을 수 없는 존재의 가벼움』은 그가 1984년 발표한 작품이에요.

했어요. 동유럽 러시아를 중심으로 일어난 분리 독립의 경우를 보면 서로 피비린내 나는 학살과 전쟁이 일어나는데 체코와 슬로바키아는 그렇지 않았어요. 우리나라도 남북이 한민족이지만 아직까지 총부리를 겨누고 있고 벌써 수많은 사람이 희생당한 전쟁을 겪었는데 말이에요.

옛날부터 체코와 슬로바키아는 강대국에 둘러싸여 끊임없는 침략과 고통에 시달렸어요. 하지만 서로 독립 국가를 세운 것을 보면 그 내면에 굽힐 줄 모르는 민족정신이 흐르고 있다고 해야겠지요. 오늘날 체코와 슬로바키아의 역사는 약 4~7세기경 슬라브족의 일파인 체코족과 슬로바키아족이 같은 지역에 나누어 정착하면서부터예요. 이렇게 같은 지역에 나누어 정착하다 보니 서로가 같은 슬라브 민족으로서 형제나 다름없는 사이가 되었어요.

한때 나치에 의해 수용소 등으로 이용되었지만 지금은 박물관인 슈필베르크 성

짧은 영광 긴 고통의 체코와 슬로바키아

9세기경 체코슬로바키아는 모라비아라는 왕국을 건설하여 크게 번성했어요. 하지만 그것도 잠시 10세기 초 헝가리의 침공을 받아 슬로바키아 지역은 식민지로 전락했고 식민지로 전락한 후 무려 약 1,000년이나 헝가리의 지배를 받았어요. 하지만 체코 지역은 끝까지 헝가리에 저항하면서 다시 보헤미아 왕국을 세워 독립을 지켜 나갔어요. 뿐만 아니라 서쪽에서 밀

체코와 슬로바키아 이야기 185

중부 유럽에서 가장 오래된 프라하 대학

프라하 대학은 1348년에 체코 수도인 프라하에 세워진 대학이에요. 당시 신성 로마 제국의 황제인 카를 4세가 세웠으며 세계 최초의 대학이 이탈리아 볼로냐 대학이라면 중부 유럽에서 가장 오래된 대학이 프라하 대학이라고 해요. 프라하 대학은 중세 지성의 발생지이자 근원지로서 세계에 많은 영향을 끼쳤어요.

프라하 대학

려드는 독일의 침략에도 버텨 내면서 13세기 초에는 주변국으로부터 독립 국가로 인정까지 받아 냈어요.

체코는 14세기 카를 4세 때에 최고의 전성기를 맞았어요. 카를 4세는 독일과 오스트리아가 차지하던 신성 로마 제국의 황제 자리를 차지하기도 했고 뿐만 아니라 중부 유럽에서 가장 오래된 대학인 프라하 대학을 만들어 문화적으로도 체코를 성장시켰어요. 하지만 영광도 잠시 카를 4세 이후에는 다시 이민족의 침략과 지배에 신음하게 되었어요. 결국 체코도 15세기에는 유럽 최고의 왕족 가문인 오스트리아 합스부르크의 지배를 무려 500년간이나 받게 되었어요.

프라하 창문 투척 사건과 30년 종교 전쟁

체코의 보헤미아 지역은 마르틴 루터가 종교 개혁을 일으키기 100년 전에 벌써 프라하 대학의 얀 후스라는 교수가 로마 가

프라하 역사지구를 대표하는 성 비투스 성당

톨릭에 대한 종교 개혁을 주장했던 곳이에요. 이런 전통이 있다 보니 다른 어떤 곳보다 체코는 신교도가 우세한 지역으로 변했어요. 하지만 로마 가톨릭을 신봉하는 사람이 보헤미아의 왕으로 선출이 되자 문제는 달라졌어요.

그는 가톨릭의 수호자를 자처하며 신교도들을 탄압하기 시작했어요. 이에 화가 난 프라하의 시민들이 1618년 반기를 들고 성으로 몰려들었어요. 마침 해외로 떠난 왕을 대신해 고위 관리 두 사람이 나서서 해산을 종용했지만 숫자는 더욱 불어

시계공의 눈을 멀게 해 다시는 이 시계와 같은 시계를 못 만들게 했다는 프라하 구시가지 청사의 시계

났고 신변에 위협을 느낀 관리들은 도망을 쳤어요. 신교도들은 성안으로 도망친 관리들을 쫓아가서 그들을 붙잡아 창문 밖으로 던져 버렸어요. 이 사건이 바로 이름하여 '프라하 창문 투척 사건'이에요.

이에 보복을 결심한 왕은 오스트리아와 스페인의 군대를 끌어들여 가혹한 탄압을 시작했고 증오는 증오를 낳으면서 신교도 구출을 위해 덴마크와 스웨덴 등이 군대를 이끌고 참전하였어요. 이렇게 유럽은 이름하여 길고 긴 30년 종교 전쟁으로 휘말려 들었어요. 1618년부터 1648년까지 잉글랜드를 제외한 유럽 각국이 얽히고설킨 30년 전쟁은 프랑스의 참전으로 베스트팔렌 조약이 맺어졌고 신교도의 승리로 막을 내렸어요.

30년 전쟁의 최종 승리자라 할 수 있는 프랑스는 이를 발판으로 루이 14세 치하의 강대국 프랑스로 발전을 하게 되었어요. 그리고 전쟁 결과로 맺어진 베스트팔렌 조약에 의해 신교도들은 완전한 신앙의 자유를 얻게 되면서 유럽의 질서는 새롭게 창조되었어요. 하지만 여전히 체코와 슬로바키아는 강대국 오스트리아를 벗어나지 못하고 1918년까지 지배를 받게 되었어요.

체코슬로바키아와 사회주의 정권

1918년 제1차 세계 대전이 끝나고 합스부르크 왕가의 오스트리아-헝가리 제국이 붕괴되었고 그에 따라 베르사유 조약을 맺으면서 많은 민족 국가들이 독립을 하게 되었어요. 이때 강대국들은 당시 오스트리아 영토로 있던 체코와 슬로바키아를 하나의 나라로 묶어 독립을 시켜 버렸어요. 그래서 1918년 체코슬로바키아란 독립 공화국으로 출발을 하게 되었어요. 하지만 이런 억지 독립은 여러 민족과 국가의 이해관계가 얽히고 또 히틀러는 체코슬로바키아 안에 있는 게르만족을 빌미로 침범을 하게 되면서 체코슬로바키아는 다시 독일에 합병되고 말았어요. 하지만 망명 정부는 소련과 동맹하여 히틀러와 싸웠고 1945년 히틀러의 패망으로 다시 독립을 이루었어요. 그러나 공산당의 사회주의 정권이 들어서면서 체코슬로바키아는 소련의 위성 사회주의 국가로 전락했어요.

체코의 전통 복주머니

슬로바키아의 다뉴브 강이 보이는 브라티슬라바 성

프라하의 봄과 체코와 슬로바키아

　소련의 위성 국가로 전락한 공산 독재에 대한 반감으로 체코인들은 다시 자유와 민주주의를 위한 저항을 시작했어요. 이에 1968년 체코슬로바키아의 독립을 지향하는 둡체크가 정권을 잡고 소련의 위성 국가에서 벗어나려 했어요. 그리고 이 영향으로 동유럽 전역에 소련에 반대하는 물결이 일어나기 시작했어요. 당황한 소련은 무력으로 프라하를 침공하여 둡체크를 비롯한 자유주의 인사들을 몰아내어 버렸어요. 프라하의

프라하의 봄의 현장인 바츨라프 광장

체코 화폐

봄은 무참히 짓밟히고 체코슬로바키아의 자유와 독립운동은 긴 암흑 속으로 스며들었어요. 하지만 1980년대 후반 소련의 고르바초프에 의해 시행된 개혁 개방의 바람이 동유럽에 불어오자 가장 먼저 체코인들이 일어섰어요. 체코인들은 공산당 정권의 퇴진을 요구했고 공산당 정부는 단 열흘 만에 물러남으로써 1989년 가장 모범적이고 평화적인 혁명에 성공했어요. 이 모든 것이 바로 프라하의 봄 때 흘린 피의 결과라고 여겨져요. 평화적이고 모범적인 혁명의 정신은 그 이후에도 어김없이 이어지면서 1993년 체코슬로바키아는 국민 투표의 결과에 따라 체코와 슬로바키아로 각각의 나라로 독립을 했어요. 그리고 지금 두 나라는 새로운 자신들의 미래를 위해 열심히 땀 흘리고 있어요.

체코 인형극에서
사용하는 나무 인형

[Poland]

폴란드 이야기

자유를 향한 끝없는 전진

🇵🇱 피아노의 시인 쇼팽과 마리 퀴리의 나라

유럽은 수많은 나라들이 어우러져 있다 보니 나라마다 부침이 아주 심해요. 그중에서도 특히 폴란드는 독일, 오스트리아, 러시아 같은 강한 나라가 이웃에 버티고 있어 더 심했어요. 그러다 보니 폴란드는 역사 속에서 나라 이름이 아예 사라진 경우도 많아요. 하지만 쇼팽이나 마리 퀴리 같은 훌륭한 인물들이 조국 폴란드를 찬란히 빛냈어요.

마리 퀴리는 1867년 폴란드 바르샤바에서 태어났어요. 당시 폴란드에서 여자는 대학에 갈 수 없었어요. 그래서 퀴리는 어쩔 수 없이 프랑스로 유학을 가서 그곳에서 대학을 다녔어요. 열심히 공부하여 퀴리는 가장 뛰어난 성적으로 대학을 졸업했고 연구에 연구를 거듭하여 노벨 물리학상과 노벨

폴란드 전통 의상

파리의 연구실에서 남편 피에르 퀴리와 마리 퀴리

화학상을 수상하였어요. 쇼팽도 1810년 폴란드의 수도 바르샤바에서 태어났어요. 그는 작곡가이자 피아니스트로 시대를 앞서가는 많은 작품을 남겼어요. 특히 수많은 피아노곡으로 '피아노의 시인'이라고 불릴 정도예요.

슬라브 민족 폴족의 땅, 폴란드

폴란드는 '폴족의 땅'이라는 뜻이에요. 원래 지금의 폴란드에는 게르만족이 살고 있었으나 약 10세기경 게르만족을 몰아내

코페르니쿠스와 지동설

16세기 지동설을 주장한 코페르니쿠스는 폴란드의 천문학자였어요. 그는 모두가 천동설을 믿던 시절 태양이 우주의 중심에 있고 지구를 비롯한 행성들이 그 주위를 돌고 있다는 주장을 했어요. 당시 사람들은 모두 지구를 중심으로 별들이 돌고 있다는 천동설을 믿었어요. 코페르니쿠스는 교회의 박해가 두려워 책의 출판을 미루다가 마침내 1543년 『천체의 회전에 관하여』를 출간했어요. 그 후 대담하고 획기적인 생각을 '코페르니쿠스적 발상'이라고 표현해요.

고 슬라브 계통의 폴족이 이곳에 자리를 잡았어요.

이후 폴란드는 국가로서 발전을 거듭해 미에스코 1세 때 국가의 기틀을 다졌어요. 또한 이때 영토를 확장하고 강력한 독일을 견제하기 위해 로마 가톨릭을 국교로 받아들였어요. 당시 가톨릭을 받아들인다는 것은 로마의 앞선 문명을 받아들이는 것이었어요. 그 결과 폴란드는 한층 발전을 할 수 있었고 전 국민이 가톨릭교도가 되었어요. 전 국민의 단일 종교는 폴란드가 외적과 맞서 힘을 발휘하는 데 큰 밑거름이 되었어요.

폴란드는 정치·경제적 발전을 거듭하며 중앙 집권 국가를 이루었고 1410년 독일과의 전투에서 독일군을 격파하며 한때 유럽 강대국으로 자리매김하였어요. 16세기까지 폴란드는 유럽의 방대한 영토를 차지하면서 최고의 전성기를 누렸어요.

◀ 크라쿠프 역사지구에 있는 세인트 메리 교회
▶ 폴란드의 마지막 왕 스타니스와프 2세

짧은 영광 긴 고통의 폴란드

폴란드의 영광은 거기까지였어요. 원래 폴란드의 영토는 독일, 러시아, 오스트리아라는 3대 강국의 틈에 끼인 데다가 국토의 대부분이 해발 200미터 이하의 대평원이어서 외적의 침입이 쉬워 늘 주변 강대국의 약탈과 침입에 시달렸어요.

이런 지리적 환경과 주변 강대국들과의 계속되는 전쟁 그리

윌슨 대통령과 민족 자결주의

제1차 세계 대전이 끝나고 전후 처리를 위해 파리에서 평화회의를 열었어요. 이때 미국의 28대 대통령 윌슨이 '14개조 평화 원칙'을 발표했어요. 이 조약에는 각 나라는 다른 나라의 지배를 받지 않으며 각 민족의 운명은 그 민족 스스로 결정한다는 '민족 자결주의' 원칙이 반영되어 있어요. 윌슨의 주장은 식민지 치하에서 고통받던 많은 민족에게 희망을 주었어요. 이러한 세계적 흐름 속에서 한국도 그 영향을 받아 3·1운동이 일어났어요.

고 내부적으로는 귀족들이 국왕을 선출하는 귀족 공화정의 등장으로 왕권이 약화되면서 국력의 쇠퇴를 가져왔어요. 결국 폴란드는 1795년 주변 강국인 독일, 러시아, 오스트리아 3국에 의해 분할 점령되었어요. 그 후 폴란드는 나폴레옹이 세 강국을 견제하기 위해 잠시 폴란드 공국을 세운 8년간을 제외하고는 120여 년간 계속 위 세 나라의 지배를 받으면서 사실상 폴란드라는 이름은 역사에서 사라졌어요.

그래서 폴란드 민족은 1830년 독립을 위한 혁명 정부를 조직하고 봉기를 일으켰으나 애석하게도 독립 투쟁은 실패로 돌아갔어요. 하지만 제1차 세계 대전이 끝난 1918년 베르사유 조약에 따라서 폴란드는 독립을 맞이했어요. 제1차 세계 대전의 결과 폴란드를 점령하고 있던 독일과 오스트리아는 패전국이었고 러시아는 러시아 혁명으로 인한 국내 문제에 정신이 없던 터라 폴란드의 독립을 인정할 수밖에 없었어요.

폴란드 전통 항아리

제2차 세계 대전 중에 독일 나치가 유대인을 강제 수용하고 집단 학살한 아우슈비츠 수용소

히틀러의 폴란드 침공과 아우슈비츠의 비극

　제1차 세계 대전 이후 이루어진 폴란드의 독립은 겨우 20년밖에 유지되지 못했어요. 독일의 히틀러는 역사를 제1차 세계 대전 이전으로 돌리려고 했고 폴란드를 자신들의 영토라며 침공했어요. 히틀러는 러시아에서 소련으로 바뀐 소련 정부와 몰래 비밀 협정을 맺고 폴란드 침공을 눈감아 주는 대가로 폴란드를 차지하면 서로 반씩 나누어 옛날처럼 분할 통치키로 약속했어요. 폴란드는 히틀러의 독일에 맞서 프랑스와 영국군의

바르샤바 중심부에 있는 문화 과학 궁전

지원을 받아 강력히 맞섰지만 후방에서 소련도 폴란드를 침공하자 무너질 수밖에 없었어요. 결국 폴란드 서부는 히틀러의 독일에 의해, 동부는 소련에 의해 분할 점령되었고 히틀러의 폴란드 침공은 제2차 세계 대전으로 확대되었어요. 제2차 세계 대전이 진행되는 동안 아우슈비츠라는 곳에서는 인류 역사상 가장 잔인한 인종 대학살이 진행되었어요. 우리는 이것을 히틀러의 홀로코스트라고 해요.

히틀러는 제2차 세계 대전이 진행되고 있던 1940년 유대인 탄압을 명분으로 폴란드의 아우슈비츠에 가시 철망과 고압 전류가 흐르는 공포의 강제 수용소를 만들었어요. 처음에는 폴란드 정치범들이 수용되었지만 1942년부터 본격적인 대학살의 공간으로 활용되었어요. 이곳에서 학살과 인체 실험 등으로 400만 명이 넘는 사람들이 희생을 당했어요. 그중에 약 3분의 2가 유대인이라고 해요. 제2차 세계 대전이 끝난 후 폴란드는 역사적 비극을 잊지 않기 위해 수용소를 보존하기로 했어요. 또한 유네스코도 나치의 잔학 행위에 희생된 사람들을 잊지 않기 위해 1979년 아우슈비츠를 세계문화유산에 지정하였어요. 이런 비극을 거치면서 1945년 독일이 전쟁에 패하자 폴란드는 다시 독립을 획득했어요.

폴란드 민중의 투쟁과 자유 노조

독립을 획득한 폴란드는 새로운 국가 건설을 위해 총선거를 실시했어요. 하지만 당시는 전쟁과 더불어 전 세계에 사회주의 혁명이 몰아치던 시기였고 폴란드도 예외가 아니었어요. 결국 1947년 선거에서 노동자당이 승리하면서 공산당 정부가 수립되었어요. 당시 제2차 세계 대전이 끝나면서 전통적인 유럽 강국들이 몰락하고 새로운 강자로 사회주의 국가인 옛 러시아 소련과 아메리카 대륙의 미국이 떠올랐어요. 이와 더불어 세계는 사회주의 국가와 이를 저지하는 자본주의 국가의 대결로 새로운 냉전의 위기를 맞았어요. 폴란드도 이런 상황에서 소련의 영향력 아래에 들어갔고 폴란드 노동당 정부는 냉전의 상황에서 국가를 주도적으로 이끌지 못하고 소련을 추종했어요. 폴란드 지

짚으로 된 폴란드 전통 신발

도자의 이런 결정과 판단은 경제 정책의 실패와 지도층의 부패로 이어지면서 국민들이 들고 일어났어요. 그 결과 폴란드는 공산당 1당 독재에 맞서 최초로 자유 노조를 결성하게 되었어요.

자유 노조의 승리와 바웬사의 폴란드

1981년 바웬사가 이끄는 자유 노조는 전국적으로 확산되었고 어떠한 압제와 탄압에도 굴복하지 않고 공산당 정부에 맞서 저항을 했어요. 자유 노조에는 1천여만 명이 넘는 노동자가 참여했어요. 이것만 보아도 폴란드 민중의 자유 노조에 대한 지지가 어떠했는지를 짐작할 수 있어요. 하지만 소련의 꼭두각시나 다름없는 정부는 1981년 12월 계엄령을 선포하면서 바웬사를 비롯한 많은 자유 노조 간부들을 체포하고 자유 노조를 불법화했어요. 하지만 바웬사를 비롯한 자유 노조는 그 후에도 투쟁을 멈추지 않고 지속적으로 싸워 나갔어요. 마

바웬사와 노벨 평화상

바웬사는 폴란드의 초대 직선 대통령이에요. 1970년 레닌조선소에서 일하던 바웬사는 공산당 정권이 시위하는 시민에게 발포하는 것에 큰 충격을 받고 노동 운동을 하게 되었어요. 그가 이끄는 자유 노조는 노동자와 지식인 등을 비롯해 1천여만 명이 참가하는 세력으로 성장했어요. 당시 집권 세력의 억압 속에서도 비폭력 시위로 폴란드 민주화를 이끌었고, 이 공로로 1983년 10월 5일, 그는 노동자로는 최초로 노벨 평화상을 수상하였어요.

바웬사

제2차 세계 대전으로 파괴되었지만 다시 복원된 바르샤바 구시가지

폴란드의 옛 화폐

침내 동유럽 민주화 사태가 일어나자 폴란드는 다른 어떤 나라보다 제일 먼저 공산 정권을 무너뜨리고 민주화를 이루었어요. 그리고 자유선거에 의해 1990년 자유 노조의 바웬사가 첫 민선 대통령이 되었어요. 그 후 폴란드는 오늘날까지 경제 정치적으로 발전을 거듭해 2004년에 유럽연합에 가입하면서 동유럽의 중심 국가로 빠르게 성장하고 있어요.

나는야
폴란드 전통 모자를 쓴
멋쟁이라네!

[Hungary]

헝가리 이야기

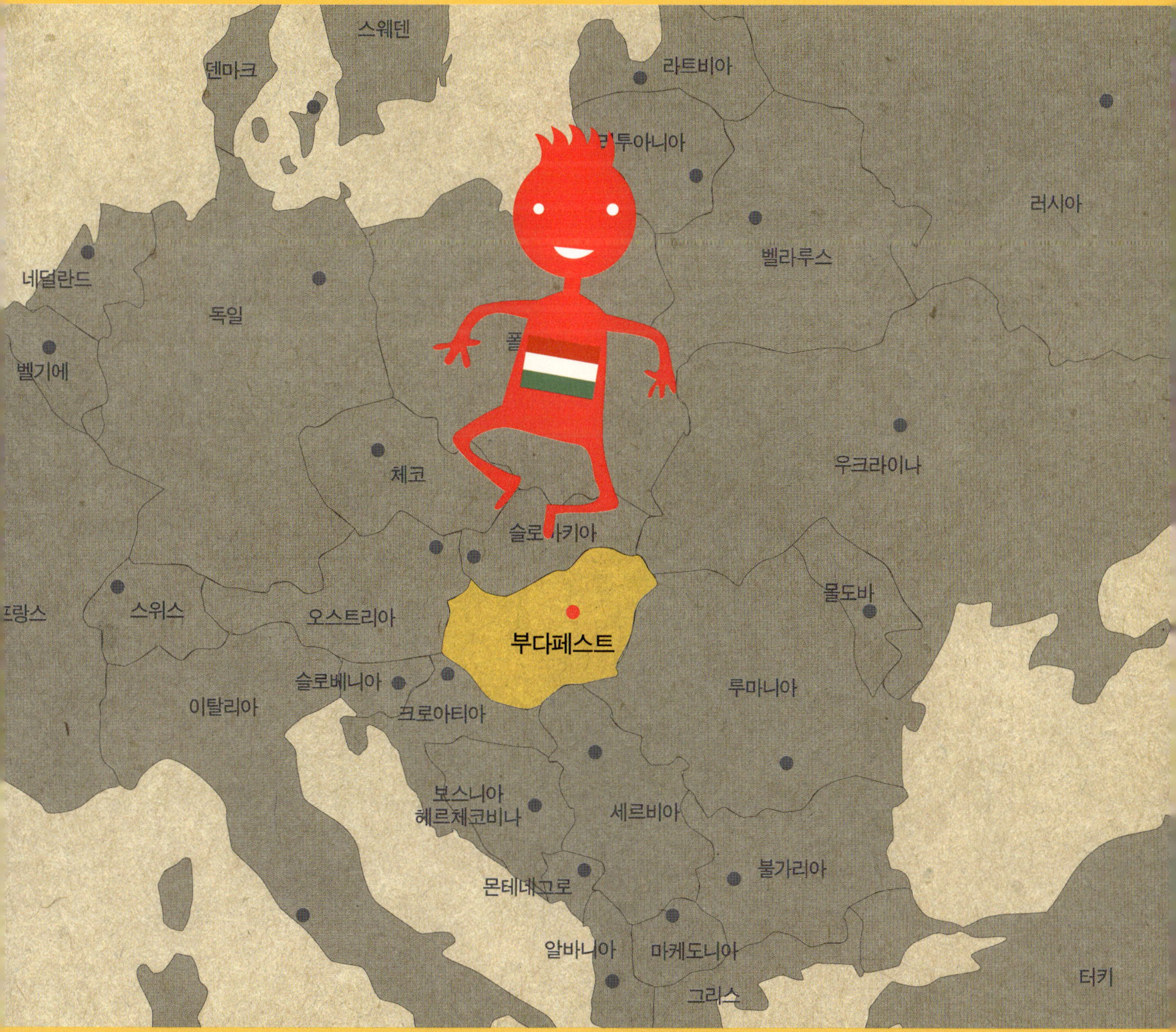

부다페스트

유럽 속의 아시아

🇭🇺 매운맛 파프리카를 좋아하는 나라

헝가리 전통 요리 글라시

헝가리인의 조상은 유럽이 아니라 아시아계 유목민이에요. 그래서인지 성과 이름도 아시아인처럼 성이 먼저 오고 그 다음 이름이 와요.

루마니아는 라틴계의 나라이고 나머지 동유럽의 나라들은 슬라브족의 나라예요. 그런데 특이하게도 헝가리만 동방에서 온 민족으로 구성된 나라예요. 그래서인지 헝가리 사람들은 우리나라 사람처럼 매운맛 나는 파프리카를 좋아해요.

헝가리 사람들은 한 번 약속을 하면 그 약속을 위해 불구가 되는 것도 마다하지 않을 정도로 약속을 소중하게 여겨요. 헝가리 사람들은 자신들을 마자르라 부르는데 '땅의 사람'이라는 뜻이에요. 9세기경 마자르족을 이끌고 추장 아르파트가 지금의 헝가리 지방에 정착하면서 근거를 마련했어요. 그리고 10세기 말에 왕국을 수립하고 로마 가톨릭을 받아들여 빠르게 유럽화되면서 주변으로 세력을 넓혔어요. 13세기 한때 몽골군의

10세기 말에 만들어진 파논하르마의 베네딕트회 수도원

침입으로 헝가리는 잿더미가 되기도 했어요. 하지만 15세기 마티아스라는 대왕이 나타나면서 헝가리를 경제와 문화, 모든 측면에서 최고의 나라로 만들었어요. 이때 헝가리는 주변국들 중에 가장 강하고 문화적으로 발달된 나라가 되었어요.

헝가리 칠리 파프리카

헝가리 전성시대에 지은 부다페스트 제1의 관광지 부다성

🇭🇺 오스트리아와 오스만 제국의 충돌 지역 헝가리

마티아스 대왕이 만든 영광은 그리 오래가지 못했어요. 16세기 아시아의 강대한 제국 오스만 제국이 유럽으로 밀고 들어와 유럽을 쑥대밭으로 만들었고 헝가리도 예외가 아니었어요. 헝가리의 결사 항전에도 불구하고 헝가리는 동쪽에서 밀려온 오스만 제국의 침략을 당해내지 못하고 150여 년간이라는 길고 긴 점령 아래에 들어가게 되었어요. 오스만 제국은 헝가리

를 점령하고 서북 유럽으로 세력을 넓혀 나갔어요. 이제 전 유럽이 오스만 제국의 손에 넘어갈 수 있는 순간이었어요. 이를 막아선 세력은 바로 오스트리아의 합스부르크 왕가였어요. 합스부르크 왕가는 오스트리아의 수도 빈 바로 앞에서 오스만 제국을 물리치며 그들의 유럽 정복 야욕을 무너뜨렸어요. 이 일로 합스부르크 왕가는 이슬람교로부터 기독교를 지켜 내는 유럽의 방패가 되어 중앙 유럽의 강력한 세력으로 떠올랐어요.

이후 합스부르크 왕가는 프랑스의 부르봉 왕조와 함께 유럽을 지배하는 두 세력이 되어 서로 경쟁을 계속했어요. 합스부르크 왕가와 오스만 제국의 지속되는 전쟁은 헝가리 영토에서 격렬하게 벌어졌어요. 하지만 두 세력 중 어느 쪽도 완전한 승리를 거두지 못했고 이들의 충돌로 헝가리는 둘로 쪼개져 서북부는 오스트리아의 지배를, 동남부는 오스만 제국의 지배를 받게 되었어요.

부다페스트 겔레르트 언덕에 있는 자유의 동상

오스트리아-헝가리 제국

나중에 오스만 제국의 세력이 헝가리에서 물러나자 헝가리는 다시 오스트리아의 지배를 받게 되었어요. 오스만 제국만 물러갔을 뿐 다른 나라의 지배를 받는 것은 변하지 않는 상황이 되었어요. 오히려 오스트리아의 합스부르크 왕가는 더욱 가혹한 탄압을 가했어요. 그러자 헝가리인들은 독립을 위해 들고 일어났지만 무참히 짓밟히며 실패했어요. 하지만 헝가리인들은 물러서지 않고 끊임없이 오스트리아의 합스부르크 왕가에 독립을 위한 저항을 계속했어요. 19세기 중엽 그렇게 강력하던 오스트리아의 합스부르크 왕가도 서서히 힘이 빠지기 시작했어요. 이때 헝가리가 또 한 번 독립 전쟁을 일으키자 종이호랑이가 되어 가던 오스트리아는 강압적인 자세를 거두고 헝가리와 협상을 했어요. 이런 협상 끝에 1867년 탄생한 국가가 바로 오스트리아-헝가리 제국이에요. 오스트리아-헝가리 제국은 오스트리아 왕이 오스트리아 제국과 헝가리 왕국의 왕으로서 군림하긴 하나 외교 등을 제외한 그 외의 사항은 모두

리스트와 경쟁자 쇼팽

리스트는 헝가리가 낳은 위대한 음악가예요. 피아노의 천재라고도 불리는 리스트는 여섯 살 때부터 아버지에게 피아노를 배우며 천재성을 나타내었다고 해요. 같은 곡을 두 번 치지 않는다는 말을 들을 정도로 많은 작곡들을 하면서 당시 피아노의 시인으로 불리는 폴란드 출신 쇼팽과는 친구이자 경쟁자였다고 해요. 작품으로는 〈파우스트 교향곡〉, 〈단테 교향곡〉 등이 있어요.

◀ 부다페스트 도나우 강에 있는 세체니 다리 야경
▶ 초대 헝가리 왕을 기리는 성 이슈트반 대성당과 천장 벽화

헝가리의 자치권을 인정해 주는 형태였어요.

슬픈 독립을 이룬 헝가리

오스트리아-헝가리 제국은 오스트리아에게는 저물어 가는 제국 유지를 위한 명분을 주었고 헝가리는 피를 덜 흘리고 독립국으로 가는 실리를 챙기는 국가 형태였어요. 하지만 그에

헝가리 이야기 211

퓰리처와 퓰리처상

퓰리처는 1847년 헝가리에서 태어났어요. 1864년 미국으로 건너가 1868년 기자로 활동하다가 언론인으로 성공한 사람이에요. 언론인으로 성공한 뒤에 퓰리처는 언론이나 문학을 위해 자신의 유산이 사용되기를 원했어요. 그래서 자신의 유산 50만 달러를 내놓았어요. 그의 유언에 따라 1917년부터 매년 언론이나 문학에서 훌륭한 사람을 뽑아 1만 달러의 상금과 금메달을 수여하는 퓰리처상을 시상하고 있어요.

따른 비극이 기다리고 있을 줄은 아무도 몰랐어요.

어찌 되었든 오스트리아-헝가리 제국은 외형적으로는 하나의 제국이 되어 서로 긴밀하게 대외적 결정을 할 수밖에 없었어요. 이런 관계는 헝가리가 제1차 세계 대전 때에 오스트리아와 독일의 편에 서서 참전할 수밖에 없는 결과를 낳았어요. 그 결과 헝가리는 독일, 오스트리아와 함께 패전국이 되었어요. 하지만 이때 제1차 세계 대전 승전국에 의해 패전국인 오스트리아 영토가 분할되었지만 헝가리는 다행히 1918년 독립을 이루었어요. 하지만 패전의 멍에로 전쟁 전의 영토와 인구의 대부분을 중부 유럽 신생 독립국들에게 내주는 비극을 맞을 수밖에 없었어요.

소련의 위성 국가에서 완전한 헝가리까지

제1차 세계 대전의 비극은 결국 제2차 세계 대전을 낳게 되었어요. 헝가리는 제2차 세계 대전 때 잃은 땅을 되찾고자 하

건국 1,000년을 기념하여 세워진 헝가리 의회와 다뉴브 강

는 내부 분위기에다 마침 히틀러의 등장으로 헝가리의 극우 세력이 주도권을 잡았어요. 이에 극우 세력은 독일과 이탈리아 편에 서서 제2차 세계 대전에 끼어들었어요. 나중에 문제의 심각성을 느낀 헝가리가 도중에 전쟁에서 이탈하려 했지만 독일의 방해로 실패하고 결국 마지막까지 전쟁을 치르면서 패전국이 되었어요. 이에 승전국이 된 소련의 군대가 히틀러 편을 들었던 헝가리로 밀고 들어와 점령하면서 헝가리는 소련의 위성 국가가 되어 공산당 정부가 들어섰어요.

연대순으로 헝가리의 역대 왕과 영웅들이 조각되어 있는 영웅 광장

헝가리 국장

하지만 오랜 외세 침략의 역사를 가졌기에 누구보다 독립 정신과 저항 정신이 강했던 헝가리는 소련의 간섭과 독재를 계속 두고 보지는 않았어요. 1956년 헝가리는 소련의 간섭에서 벗어나려고 부다페스트는 물론 전국에서 소련에 저항하는 봉기가 일어났어요. 하지만 소련군이 개입해 헝가리 봉기를 이끈 너지 총리를 사형시키며 시위를 무력으로 진압했어요. 이로 인해 수많은 시민들이 목숨을 잃었고 20여만 명이 해

외 망명을 가기도 했어요. 그 후 헝가리 지도자들은 소련과 전면적인 싸움은 피하면서도 헝가리만의 독자적인 길을 끊임없이 모색하였어요. 그로 인해 헝가리는 공산 사회에서는 가장 먼저 자유롭고 개방적인 정책을 펴나갔어요. 그 결과 1980년대 말 동유럽 공산주의 국가들의 군사 동맹인 바르샤바 조약 폐지를 주도하였고 다당제 민주주의와 시장 경제를 도입했어요. 그리고 헝가리는 소련이 해체되자 서유럽 국가들과 관계를 더욱 긴밀히 하면서 2004년 유럽 연합에 가입하여 오늘날에 이르고 있어요.

위성 국가와 헝가리

위성이란 지구 같은 행성의 인력에 의해 그 둘레를 도는 달과 같은 천체를 말해요. 그래서 위성 국가란 한 국가가 힘센 국가의 영향력 아래에 있는 것을 말하는데 강대국의 주변에 위치한 약소국이 정치, 경제, 군사 등의 여러 분야가 강대국의 영향 아래 있는 것을 뜻해요. 주로 구소련을 중심으로 그 영향력 아래에 있던 동유럽 여러 나라를 가리키는 말로 많이 사용되었어요. 헝가리도 1949년부터 1989년까지 동유럽 민주화가 일어날 때까지 소련의 위성 국가로 있었어요.

백만 엄마들의 가슴을 뛰게 만든 바로 그 책,
〈공부가 되는〉 시리즈

- 재미와 호기심을 충족시키며 교과 연계 학습까지 되는 **기초 교양 학습서**
- 연이은 백만 엄마들의 뜨거운 호평, **출간 즉시 베스트셀러 도서**
- 통섭과 융합형 교과서로 **하버드 대학 교수가 추천한 도서**

★ 2010, 2011, 2012 문화체육관광부 · 어린이문화진흥원 · 행복한 아침독서
국립어린이청소년도서관 · 학교도서관 사서협의회 추천 도서 선정 ★

1. 공부가 되는 세계 명화
2. 공부가 되는 한국 명화
3. 공부가 되는 식물도감
4. 공부가 되는 공룡 백과
5. 공부가 되는 유럽 이야기
6. 공부가 되는 그리스로마 신화
7. 공부가 되는 별자리 이야기
8. 공부가 되는 삼국지
9. 공부가 되는 탈무드 이야기
10, 11. 공부가 되는 조선왕조실록〈전2권〉
12. 공부가 되는 저절로 영단어
13. 공부가 되는 저절로 고사성어
14, 15. 공부가 되는 한국대표고전〈전2권〉
16, 17. 공부가 되는 셰익스피어 4대 비극 · 5대 희극〈전2권〉
18. 공부가 되는 논어 이야기
19. 공부가 되는 우리문화유산
20, 21. 공부가 되는 경제 이야기〈전2권〉
22, 23, 24. 공부가 되는 한국대표단편〈전3권〉
25. 공부가 되는 로빈슨 과학 탈출기
26. 공부가 되는 일등 멘토의 명연설
27, 28, 29. 공부가 되는 과학백과 우주, 지구, 인체〈전3권〉
30. 공부가 되는 가치 사전
31. 공부가 되는 안네의 일기
32. 공부가 되는 톨스토이 단편선
33. 공부가 되는 긍정 명언
34. 공부가 되는 이솝 우화
35. 공부가 되는 창의력 백과
36. 공부가 되는 재미있는 어휘사전
37. 공부가 되는 삼국유사
38. 공부가 되는 삼국사기
39. 공부가 되는 재미있는 한국사 1
40. 공부가 되는 아메리카 이야기
41. 공부가 되는 세계 지리 지도
42. 공부가 되는 재미있는 한국사 2
43. 공부가 되는 파브르 곤충기
44, 45, 46. 공부가 되는 세계명단편〈전3권〉
47. 공부가 되는 세계의 건축
48, 49, 50. 공부가 되는 세계사〈전3권〉(근간)

〈공부가 되는〉 시리즈는 계속 출간됩니다.

호주 초·중등학교 최고의 인성 교재

십대가 시작되는 시기부터
늘 머리맡에 두고 반복해서 읽어야 할 책

태도
줄리 데이비 글, 그림 | 박선영 옮김
14,000원

목표
줄리 데이비 글, 그림 | 박선영 옮김
14,000원

진정한 부
줄리 데이비 글, 그림 | 장선하 옮김
14,000원

선택
줄리 데이비 글, 그림 | 장선하 옮김
14,000원

〈초록별〉 시리즈
꿈이 되는 이야기, 마음을 키우는 책 읽기

엄마는 외계인
박지기 글 | 조형윤 그림 | 8,500원

아빠가 보고 싶은 아이
나가사키 나쓰미 글
오쿠하라 유메 그림
김정화 옮김 | 11,000원

친구 만들기
줄리아 자만 글
케이트 팽크허스트 그림
조영미 옮김 | 11,000원

아기 토끼의 엄마 놀이
모리야마 미야코 글
니시카와 오사무 그림
김정화 옮김 | 11,000원

왕따 슈가 울던 날
후쿠 아키코 글
후리아 가요코 그림
김정화 옮김 | 11,000원